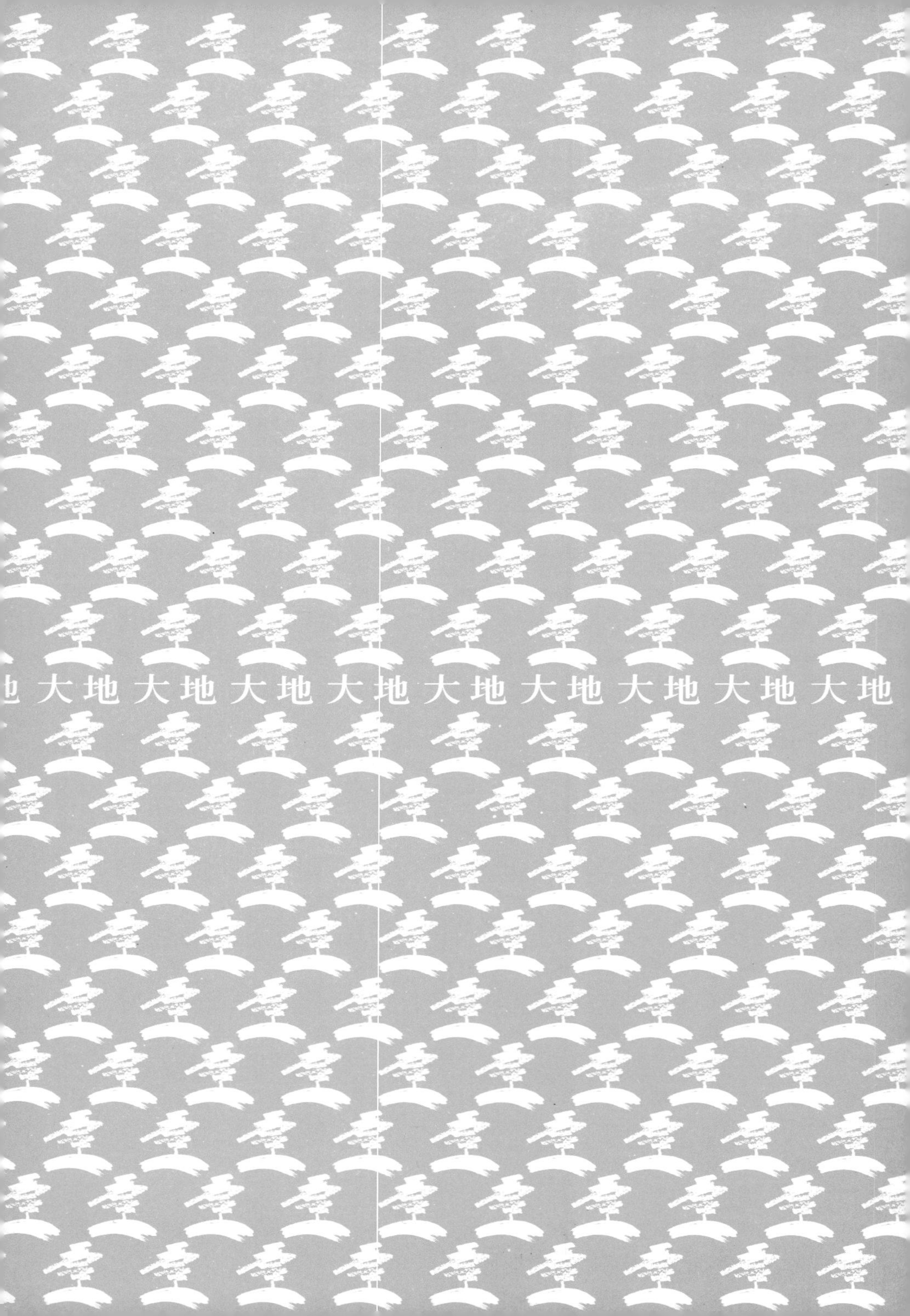
地 大地 大地 大地 大地 大地 大地 大地 大地 大地

大地 大地 大地 大地 大地 大地 大地 大地 大地 大

這是女孩子的事

It's a girl Thing

Belinda Henwood 著・王曉、王蕾 譯

作者簡介

貝琳達・漢福特（Belinda Henwood），集作家、撰稿人、記者、編輯及專案經理於一身。作為一個自由撰稿人，她曾經給《澳洲婦女週刊》的問答專欄寫稿，她的文章在許多諸如《家庭圈》和《亞洲商業評論》這樣風格截然不同的刊物上發表。她是七本書的作者，同時是一個十多歲男孩的媽媽，家裡養著一條狗、一隻黑貓和七條金魚。

致謝

首先，我要感謝我的一年級老師。（開個玩笑！）我感謝Kate Sheringham，這個十多歲的女孩子激起了這本書的創作火花；感謝Jane Adams，她不僅有寫這本書的想法，而且促使想法變成現實。還要感謝那些給予我寶貴幫助的讀者：Belinda Jeffrey、Maria Adzersen、Lucy Davis、Lyn Harrison、Jill Jones、Dr Elizabeth Hindmarsh、Noel Branigan、Daniela Falecki、Leonard Fine、Jo Alley和Vicky Field。毒品及酒精教育和資訊中心允許我使用他們的資料，在此也深表謝意。

前言

我寫一本給十多歲女孩子看的書做什麼？要知道，我老得足夠作你們的母親了！但是在我看來，成長就是學著照料自己的身體和情感，就是培養你和你自己、你和你的身體、你和你周圍的人們之間的健康有益的關係。對我們一些人來說，比如我，就費了相當長的時間才做到這些。

當我開始琢磨這本書的時候，我意識到作為十多歲的女孩子與作為女人的我們所面臨的話題是相似的，成長的過程可能持續一生。我知道我是花了一段時間才懂得將鍛鍊和休息相結合來照料自己的身體，懂得好好吃飯不怕影響體型，懂得選擇平等互益的男孩、女孩作朋友（反之怎樣對待）；懂得把性愛留給對我來說至為重要的那個人；懂得處理焦慮和絕望的情緒，懂得多一點堅定自信少一點刻意討好，懂得每次犯了錯後如何不被所犯的過錯壓垮。簡而言之，我發現了我是誰，懂得愛她，可以說出我想要的和需要的。

我明白今天的世界比起我所成長的二十世紀六〇年代是一個更複雜的世界，女孩子們生活在種種不同的狀況裡，遠遠超出我的經驗。應該怎樣度過我們的一生呢？沒有規則可循，沒有對與錯，每個人的生命旅程都是不同的。儘管這樣，我還是懷有信心，在這本書裡你會發現一些對你有意義的東西。正如人們所言，你需要的時候，才會發現什麼是你的需要。

目錄

第一章 妳是誰？

第二章 妳的身體

第三章 妳的健康

第四章　妳身邊的種種關係

第五章　妳的性別與性

第六章　毒品

第一章
妳是誰？

永遠不停地變

你喜歡上一個小夥子。你沉浸在夏日微風般柔和、愉快的心情裡，直到你最好的朋友告訴你，她看見他跟另一個女孩兒在一起！你陷入了絕望。本來，你覺得自己分分秒秒都在長大，走向成熟：你自信、獨立，你為父母總在監視你的一舉一動而心煩。——然而，此時你又變回一個六歲的小女孩，希望爸爸媽媽把你摟在懷裡，向你保證一切都會好起來。

起伏波動是正常的

人們都說迷惘善感的情緒總是與青春期相伴而生，但這個規律能讓你得到多少安慰呢？尤其在一天之內，你先是飛翔在高高的藍天，而後卻一頭栽到地面的岩石上？當你以一些成人的目光打量周圍世界的時候，顯然，那種迷惘善感的情緒可能就是漫漫煩惱人生路的開始了。

當然，那些把你捲入外部世界的事情可能會隨著你年齡的增長而改變，但也可能不變，這取決於你的自我意識以及自我評價的發展程度。生命是一次旅行。一直走下去你才會明白：事情出了差錯並不代表世界末日到了，即使你最好的男友告訴你，他和另一個女孩戀愛了，天也不會塌下來！

所以，假如哪天你感覺你輕飄飄如步雲端，但是一下子又沉甸甸舉步維艱，那很正常。在陰霾的日子裡，你沒有什麼可做的，只需艱難地跋涉前行，告訴自己滿天陰雲終會散去。等到輕鬆愉快的日子來臨，你就會認識到先前為什麼會有陰霾籠罩。這樣你就懂得了它們的不同之處。

假如你發現陰霾長久地不肯散去，你感到好像已經不能承受，再也無力走下去，那就該去求助了！有時跟朋友或家人談談心會使你精神振奮，但有時你需要的是一個跟你沒有密切關係的人，如學校輔導室的老師，孩子求助張老師熱線或生命線的主持人，他們不會直接捲入你的生活，卻經常可以幫助你更好地看清楚到底發生了什麼事。

你的身分

尋求你是誰有點類似逛商店買衣服。你走進一家大商場，那兒琳琅滿目掛滿各式各樣的衣服，你看到一大堆你喜歡的。這樣，你要做的就是開始一件件地試，看哪些合身、稱心。

顯然，那些看起來確實肥大的，你會毫不猶豫地扔到一邊去，但是有可能你看中一件嬉皮風格的襯衫，同時對一條性感的黑色裙子感覺也不錯。那你得決定這個月你想體現哪種風格。可

打電話給誰？

假如你感到需要跟一個你可以信任、能夠了解你的人談談，你可以打電話給學校輔導室的老師或張老師熱線。

能你會考慮哪件能讓你男朋友眼睛一亮，或者和你同住的人穿什麼樣的衣服，或者你的父母準備為哪件付帳（假如你夠走運，他們願意買單的話）。

當然，下一週你可能走進同樣一家店，挑選完全不同的一堆衣服。在這週之前你可能和你的男朋友分手了，和你最親密的朋友也鬧翻了，而且你的父母不了解這

但是，我在做我自己

一次你是真的非常沮喪，這也使你惱怒。於是，你不再關心他們中任何一個怎麼想了，甚至，你決定不穿你前任男朋友欣賞的衣服，你要換一群新的人同住，她們的穿著不同於以前的同居者。這樣，你的衣櫥就來了個大換血。

注意，你們中有些人肯定很明確地知道他們所想要的，日復一日地選擇同樣的衣服——甚至可能用一模一樣的新衣服取代老衣服。那也很好。說到決定你是誰、你想要什麼，並無規則或期限。

一定要愛你自己

「我為什麼那樣說呢？他會怎麼想我？」除了昨晚電話裡你對你男朋友說的那些愚蠢的話以外，這些問題在你腦海裡轉來轉去。這就是你的自我評價出現了危機。如果是健康有益的自我評價，你會想一遍——只想一遍：「我以後不再那樣說了。」

為什麼你會像上述情況那樣不斷地自責呢？因為當你的自我評價有問題時，你總是不放過每一個批評自己的機會——拿那些其實並不大的事情讓你自己感覺非常糟糕，或者細數自己的缺點。一個健康的自我評價意味著你總體上對自己有一個好

的看法。

什麼是自我評價？

自我評價就是你對自我價值的意識。適當、公正地為自己驕傲，使你尊重和重視你自己的優點。這很重要，因為當難過、糟糕、困難的事情發生的時候——它們在不同時候在每個人的生活中降臨——它有助於你的堅強、達觀，你會更容易恢復。而日常生活中的健康的自我評價有助於阻止你的胡思亂想：人們怎麼看你呀，或者誰想要成為你的朋友呀。

改善自我評價的第一步是確認你對自己的評價，這可能是一個問題。很不幸，在西方社會我們更為重視的是成功和漂亮的外表之類表面上的東西，而不是誠實、可信、做一個真正的朋友等內在的特質。想想你是如何評價別人的，比如幽默感、一個好的聽眾、果斷等等，然後看看你自己是否具備這些特質。

假如你對自己想不出什麼優點，那麼最好等一兩天，當你情緒高昂一些，去抓住你的閃光點。假如左等右等等不到這一天，那就試試問你的朋友或家人他們喜歡你什麼——但是要保證你選中的人一定會說你的好話！

提醒你自己，我們都是各自的長處和短處的獨一無二的結合體，沒有哪個人高人一籌或差人一等。早上還滿懷信心，晚上又充滿焦慮，這並不是什麼稀奇事，很

多人都是這樣。

看你自己怎麼想

認定你自我評價的水平，取決於你在多大程度上肯定自己，取決於你能把內心否定的、自我批評的聲音驅散多少，那就是接受而不是責備和審判你自己。

每個人內心都有自我批判之聲，但問題在於你要控制它發言的頻率和響度。比如你照鏡子，你聽到否定的聲音說：「噢，上帝，我真討厭我的腿。」或者你聽到肯定的聲音說：「我喜歡我現在這樣的頭髮。」在學校，你可能真的是很聰明的，但是你更突出的是美麗，這樣你就不重視你的智力財富了，當你犯錯的時候，也許你會罵自己愚蠢。給你自己一個機會——每個人都會犯錯，但是這並不說明他們都愚蠢！就像歪曲

肯定

這聽起來有點像做樣子，但是你可以把它當作積極肯定地看待自己的小小手段。列一張優點清單，一次肯定一個，肯定後把它釘在臥室的鏡子上，提醒你自己有哪些優點。

挑剔，挑剔，挑剔

每個人否定的聲音都是不同的，但是你把你的自我評價放在這個「碎紙機」裡試一試是可以的：

- 為那些出錯的事情責備自己。
- 不斷地拿自己和別人比較。
- 每次犯了錯就「拷打」自己。
- 記住失敗的紀錄而忘記成功的紀錄。
- 告訴自己應該像什麼樣而不是接受你是誰。
- 叫自己「肥胖、醜陋、愚蠢」之類的惡名。

形象的哈哈鏡，自我評價低的人總是誇大自己的弱點，貶低自己的長處。

注意，較高的自我評價並不等於讓自負沖昏頭腦。尊重自我價值也不意味著往自己臉上貼金。假如你為了使自己感到高人一籌必須拿別人跟自己比，那就是另一種情形了——可能對於你是誰，你並不是感覺良好。

對於自我評價只有一種正確的認識：健康的自我評價是一項困難的任務。許多成年人都達不到，他們出錯時，哪怕對於批評或責備的最微小暗示都會極力為自己辯解。

你怎樣達到？

你的自我評價在一定程度上可能受到他人怎樣對待你的影響。比如，你的家人總是樂於欣賞和強化你的優點，很可能你會習慣於認同這些。另一方面，如果你的家人總是不斷地嘮叨你的缺點，你可能難以發現你身上有價值的東西。

當然，事情並不那麼簡單。你也許在一個並不加強你的自我價值意識的家庭裡長大，但不知為什麼你卻非常自信；相反，你也許在一個努力讓你感受到自己優點的大家庭裡長大，但你卻怎麼也看不到自己的好處。因為這是你自己頭腦裡的問題，怎樣培養和呵護你的自我評價確實得靠你自己。

害怕失敗

> **聽起來熟悉嗎？**
>
> 你約會回來了。你開始想你做錯或說錯的一切——他要是不喜歡你，這一切就是原因。你做好準備，如果他拋棄你，你不會太受傷。可是，果真如此嗎？事實上，你要把這個約會當作一次遊玩，你會感覺好得多。提醒你自己：對於你是否想再見他和他是否想再見你，你們有同樣的決定權。

假如凡事你都事先想到，事情發生時你就不會大吃一驚。假如你知道學校裏那個新來的小夥子認為你是個一心只讀聖賢書的人，他不跟你打招呼，你也不會感到失望了。

有時候你想，如果你預先想到遭受拒絕，那麼你就不會太受傷。糟糕的是，假如你總是在瞭望拒絕，你一定會發現它。（這叫做預言的自我實現。）還有，你會放棄對一些事情的努力，確信你不會成功；當你放棄你的計畫的時候你感到輕鬆，因為壓力卸去了。是的，你將享受逃離憂慮之樂，但是你會習慣於不去冒險。

鼓舞自我評價的事物

改變你對自己的感覺是可能的，但是這種改變不會立刻發生，所以不要把它變成又一件「拷打」自己的事情。要耐心。不會一夜之間發生改變——你不會明天一覺醒來就發現一個嶄新的、自信的你躺在床上。但是有一天早晨你會開始注意到你有所不同了。

這裡有一些可能有用的貼身小手冊：

・早上起來放輕鬆，給自己一副積極向上的頭腦。不要想「我真累」或者「我的數學考試通不過了」，而要想「我有足夠的精力做我需要做的事情」或者「我會盡力做到最好」。

・不要苛求你自己。每當你聽到內心裡否定的、自我批評的聲音，告訴它安靜，這樣你才能更清晰地聽到那個相反的聲音。

・每天結束的時候想一想你今天做了哪三件事，讓你驕傲或者滿意的——哪怕諸如掃掃臥室這樣的小事。

・給你自己精確地畫像，列一個你的優點和缺點的清單。如果你真的不能發現什麼優點，就想想父母或朋友說起你時可能會說些什麼。

・不要對批評過分敏感。每個人都會犯錯，因此你要做的是從錯誤中學到些東西，然後把這個錯誤拋開。

・回憶你為自己感到驕傲自信的時光，把這種感覺從過去帶到現在來。

・給自己制定一個合理的短期目標——諸如加強鍛鍊或者在下學期更加努力——這樣當你達到時你會感覺很好。

・下定決心不要再設想你知道其他人怎麼看你——可能他們根本都沒想過你。

・小心以「從來不」、「總是」、「沒有人」、「每個人」之類開頭的總體化傾向，

比如，「再也沒有人願意跟我出去了」。

明明白白地交往

你知道，人類不僅用文字交流，而且還用面部表情和肢體語言。事實上，大約百分之九十三的交流都是跟面部表情、肢體語言和語氣有關的。只剩下百分之七是文字的。希望你能正確理解。（開個玩笑！）

堅定自信

基本上有三種交流方式：消極被動的、攻擊性的和堅定自信的。當你缺乏自信，不能說出自己想說的話時，是消極被動的；當你不能以愉快的方式說出你想說的話時（或者當你聽不明白怒氣沖沖時），是攻擊性的；當你能夠說出你想說的話又不使他人難受時，是堅定自信的。堅定自信和攻擊性之間的區別是：前者是一種尊重他人的交流方式，後者不是。

在你所有的關係裡，你需要能夠交流你的情感和需要，能夠清晰地表達「是」或者「不」。對人說「現在『不』」，你的意思可能不是永遠「不」，而是下週或五分鐘以後，但是你別期望別人總能讀懂你的想法。

當你和一個男孩墜入愛河，一段時間以來你們一直在約會，你需要感覺到你是堅定自信的，這意味著你能夠說出你所做的和你不想做的。你也要尊重他，允許他說出他所做的和他不想做的，並且聽了以後別發脾氣。

你的理解

你不能總是以為你明白別人在說什麼，因為你自己的相似經歷和你自己的預期會影響你。比如，你可能認為一束花代表浪漫和意味深長，但是你的男朋友可能認為這很平常（你多麼走運呀！），因為他在一個大家族長大，他父親就經常給他母親送花。別人呢，也不一定正好按照你的思維方式來理解這個世界，所以盡可能把你自己的意思表達清楚，這很重要。說錯、聽錯或者誤讀肢體語言都容易得出錯誤的結論。

「但是我們相愛」

你可能認為你那個小夥子「就是懂得」你在想些什麼。但是墜入愛河並不意味著你們倆一定總是志趣相投。兩個相愛的人之間的誤解也可能無窮無盡。儘管已經盡心竭力，要想跟另一個人開誠佈公地交流還是很難，尤其是那些很難說而你又不得不說的東西，比如分享你的夢想和希望，以及你對彼此的期望。真正互相關心的人之間仍然可能無意識地彼此傷害或欺騙。

良好的交流要讓別人知道你喜歡什麼和不喜歡什麼，對於任何關係而言，這都是一個必要的組成部分。在你捲入性愛之前，達到這樣的溝通很重要。美好的性遠不止於肉體，更重要的是良好的溝通，處理好戀愛關係。還有，強烈的性欲求可能加大誤解的程度。

抑制情感

有時候當你感到難過或失望時，你毫不猶豫地不讓別人知道。你一個人悶著，甚至有人問你，你也會說「沒事」。可能在你願意說出來之前，你需要一個思考的空間：想一想到底是什麼困擾著你。

小心，別走進把情感和思想都壓抑了的誤區。你的情感可能會發酵、起變化，當你最終把它們放出來的時候，它們也許會爆發（可能伴隨著眼淚）。

說「不」

你因為覺得你應該，或者你想假如你不答應人家跟你提出的要求，人家就會覺得你不好，因而你總把一些事應承下來，這種情況發生的頻率有多高？比如，當一個你不喜歡的男孩子邀請你外出時，你會考慮「如果你說『不』會讓他失望」這樣的問題。或者，也許你擔心他會生氣，會認為你不是一個那麼好的女孩子。

每個人都需要學會說「不」，並且要堅持住。有些時候說「不」是非常困難的，比如一個你真的很關心的人跟你提出要求。說「不」不是自私，有時候必須如此。

假如說「不」實在難以出口，那麼試試下面的貼身小手冊：

‧把你的回答像打草稿一樣寫下來，通讀幾遍。
‧筆直站立著，好像你本身就意味著那個回答。
‧堅定。
‧禮貌——例如，假如人家邀請你外出要說「謝謝」。
‧和邀請者目光相對。
‧不要找藉口。
‧誠實。
‧提供一個別的選擇。
‧別拿爭辯和道歉轉換話題。

自我意識

成長之路並非筆直向前。有很多壓力。除了你的身體、你的頭腦裡發生的變化，你的友誼也在變化，學校也變得更威嚴。你不再是爸爸媽媽的小女孩，你得開

始做出決定和選擇。你得確定那是你自己的選擇。

真的還是假的？

心理學家經常談論真我和假我的區別。觀點就是當你和內心深處的真我保持接觸時，你就會知道什麼感覺起來是對的，是適合你的。比如，你可能是個書蟲，只對學校的功課感興趣，但是做一個書蟲你怡然自得，真的不在乎別人怎麼想。又比如，你可能沒那麼苗條，但是對於你的體型你還是蠻高興。

假我就是當你不能發現真我，不能聽真我說些什麼的時候控制著你的那個。從外表看來，它就是你，就是讓你高興的評價。假我需要別人的贊同和接受，需要別人告訴你，你不是個書蟲，或者你的身材很好。

有時候很難區分哪些感覺是你的，哪些感覺是別人的，因為每個人都有一個觀點，尤其是你的父母和朋友。學著聆聽你自己的聲音，相信你自己的感覺，這需要磨練。

糖和辣椒

一旦到了一定的年齡，一些人就希望你行事像個女孩子樣。女孩子應該比男孩子更小心周圍的人們，你所能夠或者說應該做的是讓別人開心。女孩還應該善良，應該靜如止水。而男孩子們則應該繼續他們自己的生活，獨立自主，渴望冒險。

當女孩子非常重視別人想讓她們做什麼的時候，她們就很難發現她們的真實自我了。比如，你可能開始計畫做點什麼，因為你想你男朋友會喜歡。你好像沒有意識到你已不再考慮「我想要什麼」，而開始考慮「這會讓他高興」。一段時間以後你就記不得怎樣思考「我想要什麼」了。做你想做的並不是自私、固執或是不夠大度。

一個快樂的平衡

思考之後你會得出結論，被認為是女性特質的，諸如善解人意、關心人和細膩敏感等等都是「被動」的，而男孩子呢，卻被期望是積極主動、有好勝心、能夠支配別人的。

讓人惶恐不安的是，有些人期望你能夠擔當這些模式化角色。在你答應之前，先看看你周圍。注意那些同時具備男性和女性特質的成年人是怎樣成為「平衡高手」的。無論男性或女性，他們既能哄孩子、換輪胎（僅僅在找不到公路服務的時候）、做一手好菜，同時又能拎著公事包去上班。

> **困惑？**
>
> 女孩子們經常碰到下面這些矛盾的要求：
>
> ・要美麗但要記住美貌只是一層皮。
>
> ・要性感但不要放蕩。
>
> ・要誠實但要小心別傷害別人。
>
> ・要伶俐但不要太聰明。
>
> 學著去認識諸如此類的矛盾可以幫你減少許多困惑。

行爲準則的意義

儘管行為準則聽起來好像是你的老祖母談論的話題，但是它實際上並不像你想

一個女平衡高手

的那樣過時、那樣令人厭煩。行為準則扮演著你生活的嚮導，它會使你自我感覺良好，會給你安全感。

它們是什麼？

行為準則就是對你至關緊要的東西，是你認為重要的一些特質。可能如下：

- 誠實
- 禮貌
- 忠誠
- 恭敬
- 耐心
- 樂於助人
- 善良
- 慷慨
- 友好
- 值得信賴
- 勇氣
- 成功
- 自律
- 可靠
- 寬容

這些可能看起來像一個願望清單，或者，也許你有自己一套跟這不同的行為準則，因為每個人對於什麼對自己是至關重要的有不同的看法。

你的第一套行為準則可能來自你父母，或是兒時在你身邊對你有影響的大人。因為你需要他們的愛和讚許，所以你接受了他們的價值觀和信仰，如成功、整潔、努力工作、怎樣對待他人、怎樣處理怒火和怎樣表達愛意。當你做一些事的時候，比如清掃你的房間，父母會表揚你，你得到了肯定的反映。他們的讚許和愛使你感到安全和安心。當你意識到你在遵照這些行為準則生活時，你的自尊心成長起來

了，你可能為打掃自己的房間而感覺非常好。（那一套行為準則已經深入你心了！）

家庭信仰是非常有力的，它教會你區別好與壞。它幫助你鑒別你的所有關係、你自己的行為準則和你生活中的其他許多方面，比如你選擇哪種工作。

起變化了

為了找出你自己的行為準則，你開始質疑你父母的那一套，這就是你有時候拒絕或反抗他們的原因。每個人身處的狀況、個性和需要都是獨一無二的，你需要發現適合你自己的行為準則。

當你走出家門，走進更廣闊的世界的時候，你會遭遇另一套信仰和行為準則，那是你的朋友和同齡人的。這些行為準則可能大大不同於你父母的，因為你的歸屬和認同需要變了，你開始探求這套新的行為準則。你從同齡人那兒學到東西，諸如身邊圍繞著男孩子時該怎麼辦，怎樣應付當面的挑釁，是否要加入綠色和平組織。

說到行為準則，一個群體一般會給你提供一套。比如，這個群體的觀點可能是：假如你不做愛，那麼你一定是性冷感，他們也許認為你得用藥才行。這時候你就

同齡人的認同

同齡人對你的認同一般取決於你是否願意接受他們的信仰。假如你的朋友們認為毒品很酷，那麼你也得這麼認為，這對於你來說是心不甘情不願的——如果你不那麼認為，你就做好他們不再跟你打交道的心理準備吧。

該自己好好思考了，去形成適合你情感和身體安全需要的行為準則。隨之而來的，如果你選擇了與你有一套相似的行為準則的朋友，你跟他們在一起就會感到安全和安心，因為你身處他們提供的舒適地帶之中。

你的行為準則

如果你毫不猶豫地接受你父母的行為準則，那就有點像試都不試就買下一件衣服。你需要檢驗和確保他們的那套對你是有意義的。同樣，你可能不假思索就接受了某個群體的行為準則，但是照此行事，你注定會在什麼地方感到衝突和惱火，因為你不是依照自己的行為準則生活。

你需要召喚你心靈深處真實的自我。許多人，從你父母到你的男女朋友，也許認為他們知道什麼對你最好，可能想讓你照他們的方式去做事。但是即使他們說你瘋了，糟透了或是明顯錯了，你還是要做真實的自我，堅持你內心深處發出的聲音。

這並非要你事事都跟父母作對，而是意味著思考你所做的。擁有自尊就是要依照你自己的那套行為準則行事。

行為準則得是實在而靈活的，這就是說有時候不得不有例外。比如，誠實對你而言是一項重要的價值標準，但有時候誠實會使別人受傷和痛苦，那麼你就不能堅持誠實了。你也許相信婚姻地久天長，但如果你的婚姻生活充滿暴力的陰影，你就不該死守不放。

懷念禮節嗎？

十三世紀，在餐桌旁吐痰被認為是不禮貌的，十四世紀，人們被建議別用桌布擤鼻涕！為什麼有這些禮節呢？因為它們令人愉快，這就是原因。你藉由不在桌邊吐痰、不用桌布擤鼻涕表達了你的禮節，使人們感到愉快；當你付出而得到一點回報時，你也會感覺愉快。這兒有幾條線索。

在公共交通工具裡

1. 上公共汽車或火車的時候，靠後，讓老人、孕婦、推嬰兒車的媽媽和小孩先上。
2. 把座位讓給孕婦、老人或帶小孩的母親。
3. 不要站在門口讓其他乘客不方便上下。不要把書包放在走道中間或占一個座位。
4. 幫助那些需要幫助的人。
5. 不要占太大的空間，不要高聲談話，不要說話帶髒字，以免冒犯別的乘客。
6. 提前準備下車以免匆忙之中撞到別的乘客。

用電話

1. 除非你有你自己的專用電話（你希望有！），否則別占住電話。要公平，電話是所有家庭成員的。
2. 別在晚上九點以後打電話，除非緊急情況或者有人特別要求你給他／她打個電話。
3. 假如你不得不在早晨打電話，那儘量算好人家的時間——已經起床，還沒有出門去上學、上班。
4. 假定大多數人都喜歡週末好好睡上一大覺，那麼，週末不要在早上十點以前打電話。
5. 為其他的家庭成員記下他們需要的訊息！
6. 假如朋友來訪，或者你父母希望你參加一次家庭聚會，那麼別使用電話太久。

使用行動電話

1. 進教室、圖書館、電影院、劇院之前把行動電話關掉。
2. 不要在朋友面前打，以免他們反感，除非只是簡短的交流或者緊急的事情。
3. 不要在你的朋友們面前接長的電話，以免他們厭煩，告訴打電話的人你會在更方便的時候打給他／她。

4. 把你的行動電話放在皮包裡。
5. 不要試圖同時做兩件事，如一邊打電話一邊要咖啡或者買車票什麼的。
6. 不要積欠電話費，除非對你有好處！

外出吃飯

1. 一就座就把餐巾鋪在腿上——除非是家豪華餐廳，這事該由男侍者或女侍者們做。
2. 吃飯時離開餐桌去洗手間，要把餐巾放在你盤子邊。
3. 不要用刀將你的麵包切得滾動，而要用你的手把它掰開。
4. 如果有公用的奶油碟，取一些奶油放在你的盤子裡，不要直接從公用的奶油碟裡給你的麵包抹奶油。
5. 進餐時先用外側的刀、叉、匙，再依次向裡。
6. 當時就要不斷地向男女主人稱謝，事後寄一張致謝卡。

送禮物與收禮物

1. 小心，在禮物的循環相送中，不要把你收到的禮物幾經輾轉又送回到它原來的主人那兒。
2. 不要給朋友買非常奢侈的禮物，它可能會讓人家不舒服。

3. 不要把你所有的積蓄花在你男朋友的禮物上。

4. 要在送禮物給你的人面前將禮物打開。

5. 假如你不喜歡，不要說，而要毫無怨言地接受。對人家說謝謝，告訴人家你非常喜歡。

6. 人家寄生日卡給你，要打電話道謝；人家送禮物或寄禮物給你，要寫一張便箋表示感謝。

看電影

1. 你和你約好一起看電影的人在某個地方碰面，地點一定要足夠詳細。否則，有這麼多的入口、影廳、角角落落，你們可能就在某個地方的兩頭互相等上一整晚。

2. 扮演你自己的年齡角色。不要濃妝豔抹走進一家R級電影院。

3. 不要遲到。有些人最恨錯過電影開頭——你的夥伴可能就是其中之一喲。

4. 電影院不是談話的好地方——要談話到咖啡館去。至於對一場賽跑的繪聲繪色的實況報導或者你自己聰明的俏皮話，坐在你周圍的人們可不是花錢來聽你的看法的。

5. 占一二個座位是可以的，只要別占一整排。

6. 你離開時別把你用過的瓶瓶罐罐留下來。把它們帶走扔進垃圾筒不費什麼勁兒。

在舞池裡

1. 搽防臭劑。
2. 不要穿高跟鞋。
3. 不要戴邊緣鋒利的首飾。
4. 如果你的頭髮是長髮，把它紮起來。
5. 跳舞前一天不要吃大蒜，因為它的味道會隨著汗水從毛孔中散發出來。
6. 穿晚禮服或裙子要注意內褲是否「安全」。

濃烈的大蒜味會把整個舞池的人全嚇跑

做個女孩有多棒

首先，有二十五個理由告訴你做一個女孩子是多麼的明智！

1. 我們可以歇斯底里地大哭。
2. 我們可以穿繫帶涼鞋。
3. 我們可以穿我們喜歡的所有顏色。
4. 我們可以借穿男生的衣服——儘管看起來是那麼古怪。
5. 我們不會嗓音變粗。
6. 我們的乳房可以哺乳。
7. 我們可以搭配漂亮的內衣。
8. 我們有更多機會拿到學位，因為上大學的女孩比男孩多。
9. 我們的性高潮持續更久。
10. 我們可以用化妝品遮蓋粉刺之類的瑕疵。
11. 我們不會在夢裡“溼”了。
12. 我們不必刮鬍。
13. 我們可以畫眉。
14. 我們懂得服裝搭配。
15. 我們懂得占星術。
16. 我們可以沒有購物打算而去逛街，卻買了東西回來。
17. 我們可以穿裙子。
18. 我們很少尿到褲子上。
19. 我們可以很坦率地說我們在讀女性雜誌。
20. 我們可以從女性雜誌上得到免費禮物。
21. 我們明白“只是朋友”意味著什麼。
22. 我們跳舞跳得更好。
23. 我們可以搽香水。
24. 我們可以在頭髮上變出更多花樣。
25. 我們可以談論我們的情感。

第二章
妳的身體

注意到變化了嗎？

青春期你會經歷形體的變化，其中有一個迸發的主要成長期，在此階段你的每一根骨骼，每一塊肌肉都在生長，會持續四至五年。你的臀部變寬，胸部隆起。告別這個世界的時候，女人的脂肪重量是男人的兩倍，而男人的骨骼和肌肉重量是女人的一倍半。

在這個快速發育階段，你的思想有時候不隨著你的身體一起快速成

進發的成長期

長，所以人們都說青少年是懵懂、笨拙、生硬的。其實，他們說的是你的腦子得同形體一起協調發展。隨著你的胳膊伸展開來日益見長，你更容易撞到東西；隨著你的腳日益變大，你更想走出家門。哦，隨著你的欲望的成長，一切都會發生。

男孩子的憂鬱

假如你對你的身體發生的變化感到尷尬，不妨想想同階段的男孩子是什麼樣子。對以下的說法你有何感想？

- 跟你的祖母談天時忽然勃起。
- 講話嗓音忽高忽低。
- 長乳房（當你是一個男孩子的時候）？
- 長出毛茸茸、亂糟糟的小鬍子。
- 不能用化妝品遮蓋粉刺之類的小疙瘩。
- 每次在公共盥洗間撒尿，老是並行「我的比你的大」的幻覺體驗。
- 做了一個美妙的夢，醒來時發現濕呼呼的。

乳房和乳頭

在你們班其他女生面前，要麼你的乳房發育比誰都早，要麼比誰都慢，不管哪種情況，都令人尷尬。但是擔心也沒有用，它就那樣了。據說乳房發育總是兩種情況：太大和太小。還有一些問題是：乳頭太尖？乳暈太大？顏色太深？

讓我們來面對這種情況——為最細小的所謂不完美而焦慮，使你自己感覺難過。實際上，關於乳房有兩件最重要的事情。一是將來你可以用它哺育你的寶寶，另一個是在性撫摩中得到無限快感。它的形狀、大小和顏色都跟這兩件事無關。因此，說服你自己別再惶惶不安、憂心忡忡吧。

從萌芽到茂盛

在八歲到十四歲之間的大多數女孩子都注意到自己的胸前含苞待放。除了你自己，沒有別人知道發生了什麼變化，因為你的乳房只是更敏感了一點，乳暈（乳頭周圍）顏色更深了一些。當你的衣服輕輕碰到你的乳頭時，它可能有觸痛，如果你走運的話，觸摸它你可能感到一點興奮。

像青春期的許許多多其他事物一樣，關於你的乳房發育沒有什麼是平穩向前、可以預料的。你的乳頭周圍發生變化以後，你可能發現它發育得很快。這樣，其他人也開始注意到了，所以當你找父母換一整櫃子新上衣的時候，應該很容易得逞。

十三至十四歲之間不知哪時，會有幾個月發育相當快，你的衣櫃要更換幾次。此後你的乳房可能不再長大了，但是開始改變形狀。那時候你需要一大堆合適的上衣來襯托你胸部的新形象哦。

到你十八歲的時候，通常乳房就定型了。肯定的，你會有一系列的只穿過一兩次的胸罩，因為這世界上有多少女人，乳房的形狀、大小和外表的變化就有多少。

在你的乳房發育期間，或者就在你經期之前，你可能感到觸痛，這也許使你放棄做運動或者玩樂器，比如小提琴或豎琴。如果那種疼痛使你脾氣暴躁，別吃驚。

不勻稱的雙乳

你可能雙乳不是那麼勻稱。有時，一個乳房比另一個發育得要快。大多數女人乳房定型後雙乳基本上一樣，但是，就像你的雙腳，它們永遠不會是一般大小、一模一樣。雙乳有一個發育老是跟不上另一個，甚至乾脆不發育了，這樣的情況儘管很少見，但也可能發生。可以考慮在一邊的罩杯裡加襯墊，因為你可能對雙乳的不勻稱很敏感。

乳頭內陷

有時候乳頭不是凸出來而是下陷進去，這叫做乳頭內陷，大約每十個婦女中有一個是這樣。乳頭內陷要解決的問題實際上只有一個，就是哺乳期來臨時用辦法把乳頭弄出來。如果你的乳頭本來是凸出的，然後變成內陷的，那麼，去問問你的醫生吧。

波浪紋

當你身體的一部分飛快發育時，你有可能長波浪紋。它在你皮膚下的深層組織裡，像小小的淚珠。（你可能在你的大腿、肚子和乳房上發現它們。）它們開始是紫色的波浪線，大約六個月以後開始褪色，這樣，一年後變成銀白色。不管有多少種所謂波浪紋療法，令人沮喪的是，根本沒有什麼辦法能讓它們消失。

胸罩

最早使用胸罩或者說「束胸」的是古希臘人。大約一八四〇年時，歐洲婦女穿胸托或者帶襯墊的胸罩。從那時起，胸罩塑造了時代流行的胸部輪廓，例如，二十世紀三〇年代流行胸部平坦，而二十世紀四〇年代、五〇年代流行圓錐形豐乳。

胸罩用來支撐乳房，防止乳房的重量拉伸胸部韌帶，引起乳房下垂。儘管隨著你年齡的增長，韌帶自然會拉長，穿胸罩並不能阻擋這一自然趨勢。

假如你不穿胸罩很舒服，你就不需要穿，儘管你可能發現，當你做運動的時候，或者，在胸部發育期間、經期前，你的胸部感到觸痛，你還是想穿的。假如你

的乳房很豐滿，一般穿一些帶支架的胸罩會感覺更舒服。

穿戴合適的胸罩很重要。要保證它不緊緊束縛你的身體，杯罩也不能太小，否則你會一整天都在想著把它脫掉。

你的第一個胸罩最好到百貨公司或女內衣專賣店去買，那兒會有有經驗的人幫你選擇合適的胸罩。這樣，以後你自己去買的時候就知道該買什麼樣的了。試幾件，買的時候精明點——一個好胸罩不一定是很貴的。

乳房護理

當你的乳房開始發育，你的月經開始出現時，定期檢查乳房是一個好習慣。

儘管三十歲以下的婦女很少患乳癌，但是習慣你的乳房的感覺以便更警覺任何變化很重要。

最好每次經期過後都檢查一下你的乳房，因為這個時候更為穩定一些。你可以從你的醫生那裡，或社區健康中心拿一本有關怎樣檢查乳房的小冊子，或者在電話簿裡找到癌症防治基金會，打電話索取。

> **珍寶之胸**
>
> 天賦豐胸有它的好處：
>
> - 當你想過馬路的時候，你可以讓交通停下來。
> - 乳溝可以讓一件低胸晚禮服大放光彩。
> - 大的、柔軟的胸部可以埋藏男朋友的腦袋。
> - 永遠無須購買特製的胸罩。

經期，初潮

感到疲憊、酸脹嗎？好像滿腦子棉花團？當你所想做的就是把你自己藏起來，穿著最舒服的衣服，蜷在溫暖柔軟的沙發上，看你喜歡的青少年雜誌，很可能這就是這個月的那個時間了。

這個月的那個時間，例假，一個拜訪者，查理或喬治——這一大堆暱稱都是屬於那個叫做行經期（源於拉丁文mensis，意思是「月」）醫學術語的。

第一次月經

對於大多數女孩子而言，初潮（第一次月經）在九至十六歲之間。這個年齡範圍會讓你想到每個女孩子的經期可能有多麼不同。你祖母和你母親的初潮年齡也許能夠向你展示你會在什麼時候開始。但是現在的女孩子要比前幾代初潮來得早，因為總體來說她們飲食更好、更健康。

只有你的身體條件充分具備了，你的初潮才會來臨。為這個而焦慮毫無意義，但是如果你總擔心它還不到來，那就和你的朋友、媽媽或姐姐討論討論，或者找你的醫生問問，使自己精神放鬆。

你可能認為你的初潮將是一股突如其來的血流。別慌，並不是那樣。初潮一般

都是一些微量的、潮濕的分泌物，所以你有時間告訴媽媽、老師或學校裡的護士，她們會給你所謂的清潔保護，或者一個能夠吸收那些分泌物的護墊。

複雜矛盾的情緒

很難預期你的初潮時間，因為它的確不是容易解釋的事情，毫無疑問，很多母親都把它歸諸於「太難」一類。

不同的文化對於月經有不同的態度。許多文化都把它跟一種神秘的力量聯繫起來。比如一些民族不允許經期的女子進寺廟，在非洲的一些地方還禁止經期的女子伺弄莊稼和做飯。

無論文化怎樣，你的初潮來臨就是一種交接儀式——一個年齡的開端，或者說是一個成熟的信號。對一些人（比如我們中大多數人）來說，它是一件私事，但是對另一些人來說，比如日本人，要為此舉行一場盛大的晚會。而美國土著努克他族人呢，會帶那個女孩子去海邊，然後離開她，讓她自己游回岸邊。整個村子都為她的返回歡呼祝賀，相信生理考驗能增強她的特質。

當你初潮來臨的時候，很可能你的心情複雜而矛盾。你告別了少女時代，將要成為一個女人……誰為之做好了準備?可能你的家庭——是的，無論怎麼樣，你的父母——因為你將從少女走向女人，他們同樣心情複雜而矛盾。一些女孩子來月經時感到惱火，另一些則視之為「骯髒」。有一點是肯定的，關於生活的絕大多數環境裡都沒有衛生棉、衛生護墊、經前反應和痛經的煩擾。

當你思考這些的時候，你應該想到你的月經是建立在你的生活基本上、很有規律的基礎上的，這樣就有助於你注意它積極的一面。記住，來月經表示你身體健康、運轉正常，它也是你女性特質的一個標誌。還有，嗨，在你一生的這個階段，無論如何，可別懷孕。

什麼是正常？

首先，沒有正常這麼一樣東西。月經一般持續四至五天，但是短的話也可能只有兩天，長的話也可能八天。經期開始和最後經血通常是褐色的、少量的，而中間幾天，血是紅色的，流量較大。其持續時間的長度和流量每個人不同，儘管你的血慢慢流，流得你好像會死去，但實際上並沒損失多少血。即使你的經期長達一個星期，但平均起來，你只流失三十毫升的血，量少的人流失的只有三毫升，量多的人丟掉的可能多過八十毫升。通常每兩個小時換一下衛生棉或月經棉塞。不過，要是

一起

住在同一間房子裡的女人或者許多朋友住在一起，大家行經期一致的現象很常見。這並不是什麼新鮮事。這是怎麼回事呢？因為我們身體的交流是通過氣味進行的。順便說一句，身體通過氣味交流還有另一種有趣的用途——可以吸引異性伙伴。

你失血量過多，最好找你的醫生談一談。他／她最可能問你的是：你用了多少衛生棉或者月經棉塞（或者：你更換的頻率），所以在看醫生之前，要自我監控一下，考慮如何回答上面的問題。

許多女孩的經期周期一般是二十八天，這意味著她們的又一次經期從上一次開始之後二十八天到來（就是說，上一次經期的第一天到下一次經期的第一天）。循環周期同樣沒有什麼正常可言，短的可能二十一天，長的可能三十五天。

一些女孩子在頭幾年月經不太有規律，尤其是第一年。這是因為她們排卵還不規律。這沒關係，一般來說到她們十六歲月經就有規律了。

如果你養成在日記裡記下行經時間的習慣，你就能檢查你的月經是否規律，以及它什麼時候開始有規律的。日記對於提醒你它什麼時候來也很有用（這樣，你可以把衛生棉和衛生棉墊帶在身上），尤其是月經遲來或者錯過的時候。

為什麼流血？

一旦你進入青春期，你的兩個卵巢之一（它們包含著所有的卵子）就會每個月釋放出一個卵細胞或者卵子。（如你所知，假如在你的性行為中那個卵細胞受精了，它會發育成為胚胎。假如沒有受精，那個卵細胞會分解，然後被身體吸收。）

不管怎樣，這個卵細胞會有一次從輸卵管到子宮的旅行（無論受精與否），而子宮為了給受精卵創造一個良好舒適的家，現在已經生長了更厚的血細胞膜。但是，如果卵子沒有受精，就不需要這個膜，這層血細胞膜就會脫落，被排出體外。血和子宮內膜排出，這就是月經。

那個卵子從卵巢釋放到輸卵管一般是在你月經循環週期的中間，這個時間叫做排卵期。卵子被釋放的時候，一些女孩子覺得輕微的疼痛。很多女孩子還會有果凍狀的分泌物，叫做排卵黏液（其功能是幫助精子滑進陰道，進入正在尋找卵子的子宮），一些女孩子還可能在她們的內褲上發現一點點血跡。學會識別這些信號很有用哦，因為它們展示了你最容易受精和懷孕的時間，當你想懷孕或者不想懷孕的時候，這些遲早會派上用場。

如此令人尷尬！

假如你的例假老讓你覺得尷尬，你又不想跟你母親講，那就試試跟你最親密的朋友談一談，看看她是否跟你一樣感受。這樣，當你增添了一點信心的時候，再試著跟其他一些朋友聊一聊。你可以和你的伙伴互相交流你們身體的情況，你們可以互相提供各自的建議（或者互相安慰），這樣你就不會感到只有你一個人在受折磨了。把月經當作一個話題談一談，還有助於你坦然面對這個事實：月經是健康的、正常的，是女孩子不可缺少的一部分。

十至五十歲之間的女性中有四分之一的人的經期是相同的。站在人群裡環顧四周，你是否能看出誰正在經期中？能看見嗎？經期女性的額頭上又不會有霓虹閃亮。所以，別以為來例假了，所有的眼睛都會盯著你看。

你寧可死也不願意讓你的男朋友知道你來例假了，是嗎？放輕鬆！一個男孩子混在一群男孩子中，和他一個人面對你時的表現是不一樣的，說到例假，你會發現大多數男孩子是很理解，並且抱有同情之心的。

你的身體知道

當你來例假的時候，你最好聽你身體的吩咐。假如你不想做出一副精力充沛的樣子，那就別假裝那樣。假如你想休息，想好好照料自己，那休息和照料自己就是最好的選擇。假如你感到軟弱無力或疲憊，那一定要加倍給自己補充能量，健康而又有規律地吃些點心。吃肉、魚、深色蔬菜之類鐵質豐富的食物會增強你的體能，而吃富含維生素C的食物如柳橙和楊桃會促進你的身體對鐵元素的吸收。

這時候，你很可能想任由自己舒舒服服吃上一堆小甜餅和薯條，但是最好不要！最好把它們扔進垃圾筒，因為它們對你的身體毫無幫助，也無益於增強體能。要堅持健康的飲食結構，包括多吃新鮮水果和蔬菜，不喝碳酸飲料、咖啡，不吃糖、富含脂肪的食品。一些人發現服用維生素B很有用。

當你來例假的時候，沒有必要停止慣常的活動。一些女孩子發現鍛鍊有助於減輕痛經。當你精力充沛的時候，你的身體釋放出內腓肽，它可是女孩子們天生的鎮痛劑。

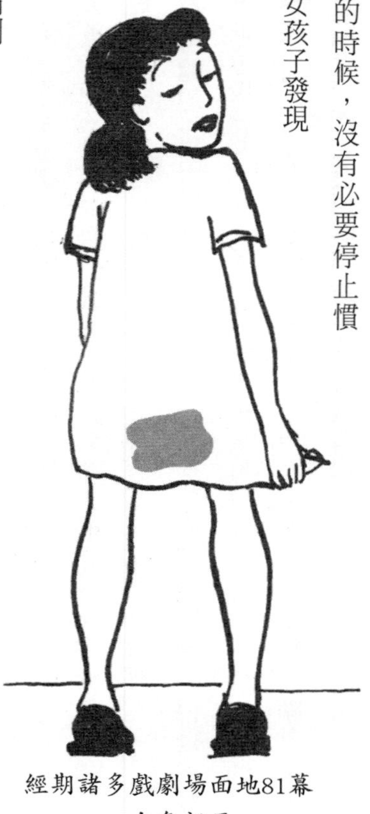

經期諸多戲劇場面地81幕
—白色裙子

經期

你母親和你的朋友們會有許多她們自己的心得傳給你，但是告訴你幾個小祕訣，幫助你找到自己的路：

・有時候，就在你的初潮前，你會在你的內褲上發現白色液體或分泌物（這個月期間它的濃度和顏色可能有所變化，但是在來例假前，它會越來越稠、越來越白）。

・經期裡穿深色內褲和衣服，以免血流量太大弄到衣服上。

・如果你真弄到衣服上，趕緊把它浸在冷水裡用肥皂洗，強效洗衣粉也可以。

・如果你排尿有困難，就不要吃太鹹的東西。

・如果你知道你的經期可能在什麼時候，那就隨身帶著衛生棉或者月經棉塞以防萬一。

・你的月經就是忽來忽止也並不稀奇，所以一定要做好防護準備以防萬一。

衛生棉或月經棉塞

你有理由為你母親感到難過。作為一個女孩子，在經期，你有乾乾淨淨黏在內褲上的超薄衛生棉，有看不見的月經棉塞，隨便你選；而你的母親，卻不得不努力對付那些帶子、大頭針和不知從哪裡就會滑出來的臃腫肥大的護墊。

不過，她無疑比古埃及婦女幸運得多，她們拿紙莎草葉子當月經棉塞。哦！我打賭她們不時興那種你一下子就扔進皮包裡的小包裝護墊。

知道了改進之前的衛生棉和月經棉塞的簡陋，我們不由得為今天的舒適方便深感欣慰，但是到底怎樣使用它們還真不是件容易事。

選哪種？

買衛生棉和月經棉塞對你來說不是一件激動人心的大事，全世界的婦女每天都

在買，男人們也在幫女人們買。假如你鼓足勇氣跟藥房的人說，他們可能會給你一些好建議，告訴你用哪種衛生棉或者月經棉塞最合適。

另一方面，你也許寧願自己從各種不同類型和品牌中挑選，直到發現你喜歡的。問問你媽媽或朋友她們偏愛哪種。有些母親好像不太情願為自己的女兒提供月經棉塞的建議——可能因為她們覺得描述她們怎樣把棉塞插入很尷尬，或者因為她們覺得這樣的話還是對年齡更大一點的女孩子說更合適。假如這正像是你媽媽的想法，那你就把這個話題轉交到你的姐姐或朋友那兒去吧。

大多數女孩子在她們經期剛開始的時候用的是衛生棉，最主要是因為她們感覺舒服，用衛生棉也讓你可以更好地觀察和懂得經血——你能看到什麼時候量少，什麼時候量多。

用衛生棉你可以選擇按照空氣動力學原理設計的（帶護翼或者不帶護翼的）和不同厚度的，這足以讓你的腦袋發暈了——要是不存在選擇倒省事了！你可能需要不同的吸收性能的：量多型、一般型、量少型。這要看你流量多大，要看是白天還是晚上，看你是否運動。那些高吸收性能的超薄衛生棉感覺體積不大，穿緊身衣都顯不出來。更厚的適宜夜間睡覺時使用。

像衛生棉一樣，月經棉塞也有不同的尺碼和吸收程度。開始的時候最好用小型的，因為它們是專門為年輕女孩子設計的，但是，也取決於經血流量，流量大時，你可能需要特大號的，流量小些時，一般規格的就行了。

你也可以買特大號和一般規格的月經棉塞的綜合包。有時候，經期快結束了，流量非常小，你會覺得插個月經棉塞很不舒服，寧願用衛生棉。當經期真的接近尾聲了，那你可能只需要用衛生護墊就可以了。

月經棉塞有的有塗敷器，有的沒有塗敷器。棉塞周圍紙質的塗敷器可代替你的手指把棉塞推入。不過這的確是個人使用習慣問題，有些女孩子說塗敷器把使用棉塞變輕鬆了，有的說更難了；有的認為用塗敷器更衛生，其他則認為用手指更衛生。如果你不喜歡把東西插入陰道，那你最好用衛生棉吧，直到你願意用棉塞。

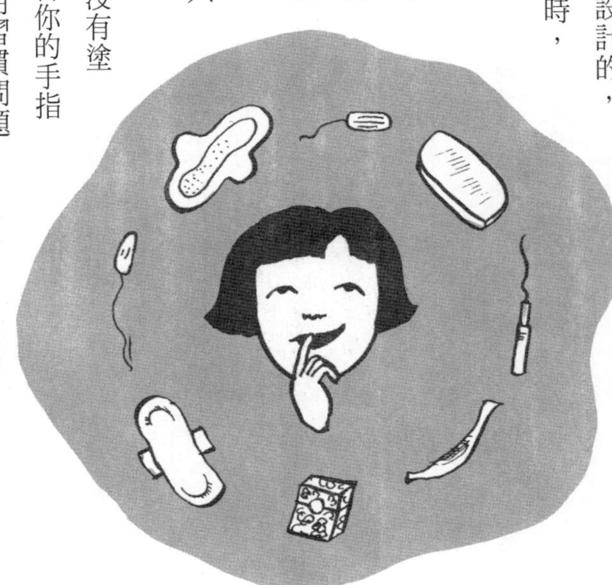

使用月經棉塞的小祕訣

在你開始來月經的早先幾個月，月經棉塞用起來可能比衛生棉費力些，這裡有幾條有用的經驗給月經初來者。

- 如果你不太清楚你的陰部構造，拿一個帶手柄的鏡子照照，仔細看一看。
- 放鬆很重要，否則陰道周圍的肌肉緊張，會使棉塞更難插入。
- 棉塞盒上的説明通常很有用，好好讀一讀！
- 插棉塞前一定先洗手。
- 你第一次插棉塞最好在流量大的時候，因為那時陰道很濕潤，棉塞容易滑入。
- 記住，過了陰道口有一個陡峭的斜面直到尾骨，棉塞不能直著進去，要拐一個彎。
- 別擔心棉塞掉出來，不會的（不過，有時候，如果你上廁所時排泄很用力的話，它會被推出來）。
- 如果你能感覺到它的存在，説明棉塞插得還不夠深。

月經棉塞的好處

一些女孩子用棉塞而不用衛生棉有很多理由：

- 穿緊身衣看不出來。
- 你可以輕輕鬆鬆把它放在口袋裡。
- 你可以帶著它游泳。
- 如果插得很合適，你會感覺不出它的存在。

・帶子很可能留在裡面，這種情況下，需要你伸直手指去搆，把它拉出來。

・別擔心帶子會斷，不會的（即使斷了，你總可以用手把棉塞拉出來）。

處女膜和棉塞

只有發生性行為你才可能不再是處女，所以你可以安心使用棉塞，它並不侵犯你的處女地。人們過去總認為一個女孩是不是處女，要看她的處女膜（部分覆蓋在陰道入口處的薄膜）是否破裂。有時候處女膜（它的中心有一個狹長的洞）並不是被月經棉塞弄破了，只是被拉長了而已。除了發生性行為，其他行為也可能使處女膜破裂，如騎馬、騎車和體操。

換或者不換

流量大的時候最好每二個小時換一下衛生棉，這樣你不會弄髒衣服。假如一片衛生棉用得過久，溫熱的經血聞起來會有點……但是呢，信不信由你，只有你一個人會注意到。流量小的時候，可能你一天只需換二至三次衛生棉。

月經棉塞應該至少每四個小時換一次，即使血流量很小。可能——儘管實際上不可能——你會把哪次經期最後用的那個棉塞忘了取出來。幾天後，你會發現氣味難聞的分泌物，或者就是一種奇怪的氣味。相信我吧，當你把那個棉塞拉出來時，氣味會更糟糕！

如果能夠說你從來不滲漏，那當然好極了，但是很可能在你一生中的某個年齡階段你會。如果能夠說別擔心那個，那當然也好極了，可是你怎麼能不擔心呢？如果有一個簡便的解決辦法——可是沒有啊！事實只能是：努力對付一個糟糕的局面，勇敢地向周圍的人求助。你會驚奇地發現，人們對於你的問題抱以多麼大的同情。

處理困境

在多數公共廁所裡，你會發現專門丟廢棄衛生棉、月經棉塞和棉塞塗敷器用的垃圾筒。奇怪的是，在一些小學的廁所卻沒有。所以，如果你在每個隔間裡都找不到這種垃圾筒的話，那就試試用紙把衛生棉或月經棉塞裹起來，然後丟進最近的垃圾筒裡。把衛生棉、棉塞、塗敷器丟進馬桶會引起堵塞，這肯定是不利於環境的舉動。那當你外出野營的時候，怎麼辦呢？把它們用紙裹起來，用塑膠袋捆紮好，當你發現垃圾筒的時候就立刻把它扔進去。

中毒休克症

中毒休克症（TSS）很少見，但可能影響到婦女、男子和兒童。大約一半的病例發生在使用月經棉塞的女孩和婦女身上。TSS是由於細菌迅速繁殖，被體內循環的血液吸收所引起的，如果月經棉塞上滋生細菌，中毒休克症（TSS）也可能發生。

這是你經常更換棉塞的一個很好的理由，棉塞在體內不要超過四小時。夜間要使用衛生棉，不要用棉塞。記住，經期結束時把最後用的棉塞取出來。

我們知道，TSS假如不及時救治會引起死亡，但這種情況極少發生，你不必因此放棄使用棉塞。但是的確要小心，警惕這些症狀——有點感冒，它們可能發展成TSS：

- 體溫高於攝氏三十八點九度。
- 頭痛、頭暈和肌肉疼痛。
- 發抖、顫抖、昏軟無力。
- 嘔吐。
- 腹瀉。
- 皮疹、皮膚脫皮。
- 嗓子痛。

假如你有以上這些症狀，立刻把棉塞拿掉，去看醫生。

經前症狀（PMS）和經前緊張（PMT）

這真是一個糟糕的日子，胖呼呼、醜呼呼、頭髮亂糟糟，全部趕到一塊了！你的頭髮變得油膩膩，你的臉鑽出粉刺，你的乳房觸痛，你的大腿疼痛，你的肚子凸出。很不幸，這不是你想像中的一切，我想讓你知道的是並不是只有你一個人是這樣子的。（顯然，瑪麗蓮・夢露拍電影的時候，她的衣櫃裡也不得不備有不同尺碼的裙裝，可見每次經期前與經期後，她的體重變化是那麼大。）

很多女孩子知道她們什麼時候月經要來了，因為她們覺察到經前症狀。經前症狀（PMS）一般指身體症狀，包括：

- 乳房疼痛或觸痛。
- 頭或其他身體部位痛。
- 噁心。
- 腹瀉或便秘。
- 腹脹，手指、腳踝和腳腫脹。
- 體重增加。
- 過敏反應。

- 黑眼袋、黑眼圈。

還有經前緊張（PMT），包含情緒症狀。包括：

- 疲憊。
- 無緣無故落淚。
- 想跟誰打一架。
- 焦慮。
- 這一分鐘想吃甜食，下一分鐘想吃薯條。
- 不耐煩、脾氣暴躁。
- 不能集中注意力。
- 絕望情緒。
- 感到整個世界都在跟你作對。
- 生硬笨拙。

大自然母親是聰明的——到你快難以忍受這一切（或者其中的一部分）的時候，你等待的經期開始了。上述症狀如果發生在男孩子身上，他們之中大多數可能會逃到床上蒙頭大睡。而女孩子，每個月經歷一次都很普遍、正常。實際上，三個女孩之中會有一個有經前症狀，她們會經歷上述種種情形之一，或同時經歷幾種情形。

是什麼引起的？

有許多關於PMS和PMT產生原因的理論，但是沒有真正的答案，所以很難發現一個簡便的對付辦法。你只能靠自己反覆試驗，慢慢摸索，從中找出適合你的辦法。

有時候，甚至要知道你正遭受哪些症狀的折磨都很困難，因為有那麼多症狀，其中一些——比如情緒變化——很難識別。把那些症狀做個日記會有助於你清楚你的循環週期，這就是說你能夠知道你的經期在什麼時候來。一份日記還能幫你向醫生或自然療法專家描述你的特殊症狀是什麼，這樣，醫生就更容易開出治療方法。有許多女孩子發現很多自然療法非常有效，但是你應該向自然健康療法專家請教，才能給身體補充這些額外的東西，並確保你使用劑量的合適。

荷爾蒙激變

一些人（通常是男人）說經期的女人受她們所分泌的荷爾蒙的控制。在某種程度上，我們是這樣的，但是要小心別讓男人們拿這個做藉口，不讓我們從事某些特殊工作，不理會我們的情緒，忽略我們的感受。

荷爾蒙是化學信使，隨著你的血液循環一起周遊全身，控制著你的月經週期。

據說經期前荷爾蒙孕酮和雌性激素的減少會影響你的情緒。一個和善溫順的女孩子可能發現自己看到一隻被壓扁的蝸牛就大叫起來，或者新男朋友只是挑了挑眉毛就衝他一下子發起火來。

茶和咖啡對荷爾蒙或者情緒的波動毫無益處。在經期前和經期中至少一週內別碰它們。還要遠離碳酸飲料和加工食品裡含有的人工食品添加劑和色素。儘管你現在很想享用這些毫無益處的食品，但是這個時候大量的新鮮水果和蔬菜是最重要的。

閉尿症

即使你認為經期前一週每天每隔半個小時哭一場也許能去掉你身體裡的所有水分，但你仍可能慢慢積聚起身體裡的水分。這就叫做閉尿症。你可能感到腹脹，或者你注意到你最心愛的戒指套不進去了。閉尿症可能還會引起不太明顯的身體組織膨脹，導致頭痛、背痛或腿痛。

你會發現腫或者脹，或者由此引起的疼痛，是那麼難受，以至你得服用一些利尿的東西排除這些水分。有一些好的自然療法，如喝蒲公英葉茶，它還是很好的鐵元素資源（你在經期中流失了身體中的一些鐵元素）。減少你的食鹽攝取量，但不要減少你的飲水量——水是身體健康運轉的必要部分。

缺乏氧化鎂可能引起閉尿症，但你可以透過堅持健康合理的飲食確保不出現這個問題。富含氧化鎂的食物包括：全麥麵包、種子、堅果和綠色蔬菜。

天竺葵香精油有助於排除多餘水分。晨浴的時候滴上兩三滴。它還有刺激性和反抑制的功能，可以消除你的痛苦，感覺舒服起來。

能量減少

我們說鐵是身體健康的必備元素，有種種理由，其中一種理由就是鐵在產生能量中所扮演的角色。身體中每天都會有一些鐵流失，真正被儲存起來的鐵元素數量只有一個指甲那麼大。但是男性鐵的流失數量很小，女性卻多得多（因為月經），所以充分關注你的鐵元素的吸收是很明智的。

假如你感到蒼白無力、疲憊和虛弱，很可能是缺鐵，你可以靠健康飲食來治療。一些食物（如瘦肉、家禽肉和海產品）中含的鐵元素要比另一些（如穀類食物、水果、蔬菜和蛋）容易吸收得多。不過，維生素C能幫助你吸收食物中的鐵，所以你的日常飲食中要包括蔬菜、水果，如草莓、柳橙、辣椒和花椰菜（維生素C含量很高）。

如果你的經期流量很大，你可能需要額外補充鐵元素，但你首先得拜訪健康問題專家，比如醫生或自然療法專家。鐵元素藥丸可能使你消化系統紊亂，容易引起腹瀉或便秘。

乳房疼痛

有時經期前你的乳房發脹，觸痛，尤其朝向腋窩的那塊。它可能痛得影響你做運動和玩一些樂器，很不舒服。自然療法建議你減少你的食鹽、咖啡因攝取量，服用和維生素B，可能會有幫助，但是服用之前最好先問問醫生或自然健康療法專家，看他們有何建議。

痛經

頭幾個月或者頭兩年月經是無痛的。此後，多數女孩要經歷某種經期疼痛或絞痛，醫學術語叫作痛經。

為什麼痛呢？

子宮內膜脫落的時候，一種叫做前列腺素的物質被釋放出來，引起子宮壁上的肌肉收縮。所以那種疼痛總在經期前或經期開始的時候出現。

痛不痛經實際上得看一個人的運氣。一些女孩子每次經期都會痛，另一些偶爾痛，運氣好的甚至從來不知道痛經是什麼。一些女孩子會略感不適，但不影響她們

的日常生活，另一些痛得很厲害，以至於臥床。有的一年之中幾個月痛，幾個月不痛。疼痛區域一般在下腹部，但有時下背部和大腿也感到疼痛。

怎麼辦？

阿司匹林對輕微疼痛管用。不過，你要是痛得很厲害，足以影響你的日常生活（溫和的止痛藥對付不了），或者你噁心、嘔吐，那要告訴你媽媽或者健康專家。有比阿司匹林更有效的藥，它由一種叫做抗前列腺素的物質製成，能抵消前列腺素的作用，你的醫生可能會給你開這個藥。避孕藥可抑制排卵，減少釋放前列腺素，也可以緩解絞痛。

現在你幾乎已經可以預料經期的一些不適和不便了，那麼就不該覺得特別的痛苦了。你身上所發生的一切都有很清楚的生理原因，可以對症下藥。

自然緩解疼痛

當你在經期的時候，保持溫暖真的很重要。對於輕微的痛經，你可以試試以下這些簡單措施：

經期是「陰」

中國哲學裡有兩個基本規律：陰（女性）和陽（男性），兩個相對存在，沒有一個就沒有另一個。比如，沒有白天就沒有黑夜，沒有太陽就沒有陰影。 陰是冷的、暗的、柔軟的和濕潤的，一個經期的女人（她是「陰」）在「陰」的狀態裡，她經常感到很冷。所以，「陽」——溫暖總使你感到舒服些。

・喝黃春菊茶或覆盆子茶，使子宮放鬆（但每天不能多於三杯）。
・咖啡和茶會使你神經緊張，因此，經期前或經期中遠離它們。
・休息，蜷在溫暖的沙發上，把一個熱水袋裹上薄棉布放在疼痛部位。
・把一勺杏仁（或其他蔬菜）油跟四五滴薰衣草、鼠尾草、春黃菊的香精油混在一起，搽在下腹部。
・暖暖地洗個澡，在水裡加點天竺葵、橙花、棕櫚或者鼠尾草的香精油（每次洗澡把其中的一種香精油滴上四五滴就行了）。
・放鬆，聽一些令人舒暢的音樂，看電視、睡覺或翻翻雜誌。
・運動（比如瑜伽）是有益的，它使肌肉拉伸，釋放出內腓肽，這可是身體天然的鎮痛劑。
・維生素B群、鈣和氧化鎂可能也有助於減輕疼痛。

有問題的經期

假如你認為你的月經是有問題的，但是你又掩蓋你對此的焦慮，那麼，你很可能會使問題變得更嚴重。對你來說根本沒什麼好擔心的，即使有，也很容易搞定。

自我加壓毫無用處，應該試著找人談一談你的問題。假如不好跟你媽媽談，那麼找姐姐、朋友或醫生。

經期不規律

月經週期變化不定，不定時錯過一次月經，這種情況很普遍，尤其在剛開始來月經的時候。假如它本來已經很規律，後來變得不規律了，那也沒什麼好擔心的，除非你的經期一年少於四次，那麼，你最好去看看醫生。

大量流血

有時你的經期遲來，但倒好像比平常流量還大，因為子宮內膜有更多時間生長。還有，在排卵開始之前，你可能經歷幾天流量大的日子。一旦排卵規律了，血流就平穩了，但是假如這種大量流血的情況持續很久，比如一年左右，就可能會使你缺鐵。要是你覺得你流失了過多的血，或者你看起來很蒼白，容易疲倦，沒精打采，那就應該去看醫生了。

沒有大量的科學儀器，在普通浴室裡測試你的血流量是不可能的。要想知道你的月經棉塞或衛生棉吸收了多少，唯一的辦法就是看你更換的頻率。假如你哪天都是不到一個小時就換一個，那你就失血過多了。去看醫生吧。

錯過幾個月

對一個女孩子而言，當她的經期最初開始的時候，錯過一次，隔一個月再來並不少見。

以下情況也可能導致你錯過經期：

- 如果你體重減輕很多。
- 當你壓力很大的時候。
- 當你旅行的時候。
- 當你搬家或上寄宿學校。
- 如果你大量運動了。
- 當你懷孕的時候。

假如你連著錯過兩次月經，又沒什麼明顯的原因，那最好去和你的醫生談談吧。

視力的變化

隨著你身體發生的所有變化，你可能發現你的視力也開始變化，你沒有從前看得清楚了。可能你看起書來很不舒服，或者做作業也有麻煩。（事實上並不是你不想看，不想做！）你可能老是揉眼睛，想看得更清楚些，或者你已經開始頭痛了。

也許你的眼睛看起來紅了，或者你意識到你的眼睛不如從前那樣好用了。

如果你感到任何不適，或者眼睛緊張，那最好去找驗光師作個眼睛檢查，在青春期，你的視力經歷、發生這些變化是常見的。一個驗光師會給你的眼睛做如下檢查：

- 遠視
- 近視
- 散光

遠視就是你能很清楚地看見遠處的東西，但是近處的反而看不清；近視是最普遍的問題，就是你看不清遠處的東西；散光就是你的眼睛不能清晰地聚焦。假如你的驗光師讓你配眼鏡，你以後就要每年固定地做一次眼睛檢查。

眼鏡的風格

曾經有過這樣的情況並且千真萬確：小夥子們看都不看一眼戴眼鏡的女孩子，因為那些眼鏡是那麼笨重！現在有了許許多多可供挑選的新型眼鏡，發現幾款適合你的臉型、與你的相貌氣質匹配的眼鏡要容易得多。還有新型透鏡材料，假如你不想要厚厚的光學鏡片，那就不要好了。

假如眼鏡不合適，你還可以選擇隱形眼鏡，你可以一直戴著它，也可以偶爾戴

戴。你甚至可以為一次性事件，如一次運動、狂歡節等等，戴一次性隱形眼鏡。讓你的驗光師告訴你所有不同類型的隱形眼鏡的區別，比如軟性的、硬性的、拋棄型的等等。

矯正近視還可以做外科手術，一般是鐳射手術，就是用鐳射切削眼角膜，達到矯正近視的功效。這個手術年輕人一般不適宜做，至少要等到他們的近視趨於平穩狀態，度數不再上升的時候。近視手術還取決於近視的程度。

小心

以下是一些護眼的貼身小手冊：

- 保證你的學習工作環境光線良好，桌椅合適。
- 坐的時候要坐直，坐姿要好。
- 注意你的眼睛與桌面的距離，據科學實驗證明，從你的第三個指關節到肘部的距離是適宜距離。
- 有規律地從書桌前抬起頭，眺望遠處，調整眼睛的焦點，緩解眼睛疲勞。
- 間隔一段時間放鬆肌肉以防痙攣——深呼吸，微笑。
- 當你長時間埋頭學習和工作時，每小時給自己五分鐘休息時間。

你不想要的體毛

你早聽說成長意味著生長更多的毛髮，但是這個說法是荒謬可笑的。拔、刮、抹蜂蠟、漂白、電解、鐳射治療……有這麼多祛除體毛的辦法，一個女孩子應該怎麼做呢？

當你們向父母請教的時候，大多數父母會告訴你們別刮你腿上或腋下的汗毛。（但是我們得認識到，有很多事情，當你向父母請求允許的時候，大多數父母都會說「不」。）當父母發現你沒有問他們就開始刮你的汗毛，他們很可能會把你狠狠訓斥一頓。

在這件事上你的父母說「不」的部分原因也許是想延遲你漫漫煩惱人生路的到來。刮除你腿上的汗毛可能是你日益成長以至成熟的一個標誌（這對於你的父母來說也許是一個難以接受的事實）。

問題是，是你忽然有了一塊飛毯，而不是他們。他們可能不理解每一個人都在盯著你看的時候你的感受。但是只要你的體毛是適宜的，並不惹人注目，那就盡可能聽聽他們令人厭煩的但是確實是挺好的意見吧。

毛姑娘

讓我們從上部開始。對於眉毛之間和眉毛下面的毛髮，拔的方法可能最好，你會發現小鑷子很容易夾住那些毛髮。不要拔得過度，因為有的毛髮再也長不回來，所以先把它們整理好，以便修出你想要的形狀。當你拔的時候要讓皮膚繃緊，並且順著毛髮生長的方向拔，否則你就不能從毛囊和髮根清除毛髮，而只是把它從表面扯斷。晚上睡覺前拔，這樣那些紅腫才有時間褪去。

別刮你上唇或下巴的汗毛。當然，除非你能夠容忍刮過以後長出短而硬的鬍子。口鼻部分比較濃密的汗毛最好用拔或者漂白的辦法。漂白的時候要小心，如果你是敏感性皮膚，可能會導致皮疹。一定要遵照藥盒上的使用說明。

電解是祛除毛髮的長久之計。假如你的汗毛又多又濃密，這是個好辦法。這個方法最好等你年紀更大一些，你面部汗毛停止生長了再採用（你的汗毛可能是與青春期相聯繫的內容之一）。還有，電解是一種昂貴的治療手段，需要合格的手術儀器。做這個手術是一根針對付一根汗毛，很費時間。鐳射手術也能永久祛除汗毛，但最好還是等你更大一些的時候做吧。

假如你認為你的汗毛過多過重，那麼去問問你的醫生吧，很可能是你體內荷爾蒙不平衡。

腋下和腿上

一些人喜歡腋下的汗毛露出來，一些人認為它是性感的；在地中海文化裡人們是保留它的，而其他的一些文化呢，祛除它是首務。可能你的小腿汗毛很濃密，使你煩惱，你寧可它長在大腿上。一些女孩子對付小腿汗毛的辦法是刮，而大腿則用漂白的方法。你會發現最好是別刮大腿汗毛，因為這是自找麻煩——汗毛可能向內生長，在熱的環境裡很可能發展成皮疹。

刮是不用動什麼腦子、費什麼勁兒，但是刮過的汗毛又長出來時會比以前粗和硬。你最好在洗澡的時候刮，用肥皂、刮鬍膏，當然，最好用護髮素，使皮膚潤滑。然後抹點潤膚霜，比如茶樹潤膚霜。別立刻搽防臭劑，因為肯定會引起刺痛，可能導致皮疹。

當你第一次刮腿上的汗毛時，通常會無意中把腿刮破留下很多極小的小切口，直到你洗澡出來，才看見你的腿好像公路交通圖，四面八方是小血點形成的紅色「道路」。抹上茶樹霜，它是抗菌消炎的。

脫毛膏裡含脫毛的化學藥劑，這就是說，如果是敏感性皮膚可能引起麻煩。它要比刮更費時間，還可能搞得亂糟糟的。你得先計畫好，保證你在浴室裡有足夠大的空間讓你伸展自如。你身體需要脫毛的各個部位都塗上藥膏，你的胳膊舉在空中

不能動，得要十分鐘，你這副怪樣子不會好看的，也甭想舒服。

脫毛蜂蠟有害，但效果保持得挺好。你可以找美容師給你進行專業的蜂蠟脫毛，也可以到藥店或超市買蜂蠟自己操作，這樣便宜得多。當你脫毛完畢，在腿上潑點冷水，有助於閉合毛孔；一定別在剛剛脫毛的區域用香膏，等過了這天才用。搽上潤膚霜，最好是帶抗菌效果的，如茶樹霜。偶爾，蜂蠟脫毛後，你會發現又紅又腫，像是感染了。可以用抗菌素對付，比如茶樹霜。

你的皮膚每二十八天自我更新一次，隨著年齡增長，這個過程放慢。當你浴後擦乾身體的時候，把腿部抛光，清除最外層皮膚，以免汗毛向內生長。汗毛向內生長一般是其生長遇到阻礙（如質地緊密的布料、內褲的鬆緊帶），於是在皮下彎曲生長。需要盡可能地把它們清除，因為有可能感染。方法是用浴用絲瓜絡或者洗澡巾輕輕擦。

胳膊、乳房和比基尼線

大多數人不受胳膊上汗毛的煩擾，但是，如果你覺得你像個大猩猩，那就試試漂白。當然，一般來說，都是你自己看得太嚴重而實際上並沒有那麼糟，所以呢，在費大力氣祛除汗毛之前，先看看你的朋友們的胳膊，或者問問他們覺得你的怎麼

> **刮後的護理**
> 你可以在藥店或超市買到配有棉籤的老式的春黃菊液，抹在剛刮過的腋下或腿上，有清涼、鎮痛的效果。

樣。

有時候你的乳頭周圍和兩乳之間也會有毛髮，如果你討厭它們，很容易，用鑷子把它們拔掉。

最生猛的女孩子著泳裝時敢讓她們的陰毛從大腿內側露出來。如果你不想這樣，那最好在那塊區域使用脫毛膏、脫毛蜂蠟或者拔，但不要剃。可能在你的比基尼線周圍毛髮向內生長，別擔心，用浴用絲瓜絡輕輕地擦會有改善。

毛髮濃密的女孩

有些女孩腹部和背部汗毛很濃密。脫毛膏或者蜂蠟也許是最好的袪除劑，但是要想處理你自己的背後很難，所以還是去找美容專家吧。

異味

為什麼有那麼多自然的、健康的東西我們都認為是不好的呢？比如汗。還有陰道散發出來的氣味。信不信由你，你腋窩下的汗水散發的氣味，你甚至可以稱之天堂的氣味，因為它有吸引異性夥伴、激發性興趣的功能。往下讀，你會明白為什麼自然的體味不一定像你想像的那麼糟。

汗是甜的

當你熱的時候，流汗是你身體製冷機制的一個重要組成部分，汗水有助於你皮

天堂的氣味？

膚的冷卻。

當你焦慮和緊張的時候，你也流汗，比如當你在演講比賽上得了獎。

平均起來，你一天會流失大約一升的水，所以你想身上找不到一點汗不大可能。如果汗只是水倒好了，但是，汗的氣味呢？汗臭味是分解的腐生細菌製造的，一些區域如腋下和陰部，出的汗有點麝香味。

腋下之醜

你腋下的汗是含有荷爾蒙的那些「特殊」的汗水之一，有吸引異性的功能，所以腋下的汗肯定是有氣味的，但它被擋住了，不像你身體的其他部位的汗水那樣容易蒸發，所以，它的量比你所希望的要大一點。

夏天，我們大多數人如果不用什麼防臭劑或防汗劑，鼻子上就會出許多汗。防臭劑含有阻止汗味揮發的化學成分。你會發現有些防臭劑香味很濃，但是你可以用不含香精的，這樣就不跟你的香水甚至你自己天然的體味相衝突了。防汗劑含有鋁，有助於抵制潮濕。但由於鋁阻擋了自然的出汗，你的體內可能會積聚毒素，所以，你不能長時間不間斷地使用防汗劑。防汗劑比防臭劑還更可能引起發炎。

古老的東西

古埃及人建議香浴，然後在液下塗香油，遮蓋體味。他們還發現祛除腋下毛髮有助於減少氣味。

你可以買天然產品（如茶樹）製造的防臭劑，還有天然的結晶體。不要連續使用結晶體超過一年，否則它也會導致發炎。

祛除腋下汗毛可能使你的腋窩減少異味，但是要小心，別在剛剛脫毛後立刻使用防臭劑和防汗劑，因為會引起刺痛，皮膚可能紅腫發炎。

尼龍和聚酯纖維之類的人造織物，在熱天裡穿起來可能比那些天然織物（如棉的）更難聞，因為前者透氣性不好。定期地洗澡、洗衣服有助於使難聞的氣味減少到最小，但是別總把它放在心上。

陰道分泌物

陰道總是產生一些分泌物，幫助祛除細菌，保持陰道清潔。分泌物是變化的，尤其在你月經循環週期的中間階段最明顯，這時候有果凍狀的排卵黏液形成。

有時候就在初潮前，你會在內褲上發現白色液體或分泌物，它的濃度和顏色在一個月內可能會有變化，但是就在你月經開始前，會變得越來越濃，越來越白，越來越顯著。只要分泌物聞起來不是太難聞、不癢，就很正常，不需要用陰道防臭劑，或者穿帶活動襯墊的內褲。給陰道噴藥劑可能有害，因為它們通常含有化學成分，那會破壞酸性物質、發酵物和桿菌的細微的天然平衡，這種平衡對陰道的健康是必要的。

當然，這並不意味著你應該避開這些區域。盡可能用清水每天清洗兩腿之間，經常沐浴。

臭腳

汗腳真的很難聞，尤其在夏天。一定要經常洗腳和換襪子。鞋換著穿也有幫助，這樣鞋子會有機會暴露在空氣裡，散散氣味。一雙鞋穿一天，放一天是最好的，但是住校期間很難做到。當你回家的時候把在學校穿的鞋子換掉。你試試穿皮鞋，不要穿人造皮的，因為後者的透氣性不好。夏天能穿涼鞋最好穿涼鞋。

你可以從藥店和超市買腳粉，有助於防止腳臭。你可以自己操作，晚上把腳粉撒在腳上和鞋子裡，第二天早上穿鞋時別忘了把鞋子拍一拍！

癢和痛

作為一個女人，你要說你一生中從不遭遇癢和痛的騷擾，那絕不可能。不知不覺地，它們就爬上你的身，然而你卻要過段時間才會覺察到自己癢、有異味，或者是不舒服。不過，只要讓醫生診斷一下，治療起來並不難，「問題」很快能解決。

念珠菌陰道炎

這個術語聽起來很陌生，但是當自然孳生在你陰道裡的細菌其平衡被破壞時，你就可能患上這種炎症。還有眾所周知的酵母菌感染，它們會讓你的陰道瘙癢難忍，白色濃稠的分泌物像冰淇淋乳酪，很難聞。外陰可能變紅（而不是它正常時候的粉紅色），小便的時候可能會痛。

如果你覺得你有上述症狀，那麼去找醫生診斷一下，對症下藥——通常的藥方是藥膏或者陰道栓劑（可以塞進陰道的藥片）。

念珠菌喜歡在陰道這樣溫暖、濕潤的地方繁衍，假如你生活壓力很大、身體衰

弱、剛服過抗菌素（抗菌素殺死你體內天然的酵母菌），你很可能患念珠菌陰道炎。假如你跟男朋友發生過性關係，那有可能是他感染了你，要讓他去看醫生。念珠菌陰道炎還孳生在腸裡，可能從你的肛門轉移到陰道，所以上廁所擦屁股從前往後擦很重要。

有一些女孩子沒幾個月就被念珠菌陰道炎折磨一下；有一些是在每次月經的時候。你能確定是念珠菌陰道炎定期地騷擾你的話，你可以到藥店買些藥。還有一些方法能減少你患病的機率：

- 別穿緊身衣，如牛仔褲、連褲襪，那會讓你流汗。
- 選擇透氣性好的棉內褲，不要尼龍的。
- 上廁所擦屁股從前往後。
- 別穿尼龍的泳裝。
- 遠離咖啡因和酒精。
- 少吃糖，包括果汁。
- 多吃大蒜和酸乳酪。

你可以自製陰部沖洗液，它可噴進陰道進行清洗。（用有噴嘴的塑膠瓶來盛，你可以在超市的塑膠容器部找到這種瓶子。）煮七百毫升沸水，然後冷卻。加兩滴

薰衣草、天然的香精油或者茶樹油，用你的塑膠瓶向陰道裡噴。你在洗澡的時候做可能好一些，不會搞得亂糟糟的。如果你願意，還可以用你自製的陰部清洗液浸潤月經棉塞——它比較容易插進去。讓它在你的陰道裡停留四個小時。

酸乳酪還能止癢。把它抹在陰道有點亂糟糟的，但是會消除痛癢。你也許喜歡穿帶活動襯墊的內褲，能夠固定住藥丸。你還可以在保健品商店買潤滑的榆樹粉製成糊糊，跟水和在一起，均勻地抹在癢的部位。

非特定陰道炎

陰道炎就是陰道感染，非特定意思是不清楚它是怎樣引起的。儘管聽起來有點難以理解，但是它的症狀是確實的：小便的時候癢、痛，還伴有魚腥味的分泌物。可以用陰道栓劑治療，或者用你的醫生給你開的藥膏。

膀胱炎

很有可能不知什麼時候，不知怎麼回事，你就得膀胱炎了。膀胱炎就是膀胱發炎，通常會導致頻尿，但是當你去廁所的時候，你卻發現難受極了，因為你只能尿出一點點或者幾滴，而且伴有疼痛的灼燒感。

膀胱炎可能由感染、過敏反應或者其他讓你不能完全排尿的狀況引起。當你陰道「很乾」的時候性交，或者你一個晚上、一個下午或一個早上你一次又一次……

那就很可能引起膀胱發炎，因此而患的膀胱炎叫做所謂的「蜜月膀胱炎」。

一旦患上，儘快找你的醫生治療很重要，因為它可能擴及腎臟——腎臟到你十五歲時才長成——這樣問題可就嚴重了。你可以從藥店買藥（降低尿液酸性的藥），幫助緩解疼痛。你還應該：

- 確保自己大量喝水。
- 盡可能地多小便，每次把膀胱盡量排空。
- 遠離咖啡因和酒精。
- 多喝柳橙汁，但是看清楚，不要喝那種加糖的。
- 把性交忘掉一會兒。
- 穿寬鬆合適的衣服。
- 暫時不要用香皂，不要洗泡沫浴。

陰蝨

也叫陰道蝨，它們寄居在陰毛裡。當它們咬你的時候是在吸你的血，它們產卵（叫蝨卵），孵化出許多更小的陰蝨。它們也可能孳生於你身體其他部位的毛髮裡，但是不會在你的頭髮裡。通常由於性接觸而得，也有來自睡衣和傢俱裝飾材料的。所以，假如你有在沙發上裸坐的習慣，要好好看一看沙發。

陰蝨繁殖力強，所以你得從醫生那裡得到特殊的滅蝨治療才能清除。治療後你要洗床單、衣服和浴巾，因為肯定有很多小蝨卵藏在裡面。哦，假如你對它們的齧咬有反應，你應該去問問醫生。

疥蟎病

得了疥蟎病根本不叫癢，而是奇癢無比，它是由微小的蟎蟲引起的，它們在你的皮膚表層挖洞。經常能在你的腰部、腕部、兩乳之間、手指、腋下、大腿和臀部發現它們的蹤跡。

疥蟎病很容易傳播，因為你可能通過皮膚接觸（包括性）、衣服、浴巾和床單而感染。家庭每個成員（如果你有男朋友，包括你的男朋友）需要同時治療，從醫生那兒得到外用的藥液。

日常皮膚護理

好消息——要避免那該死的粉刺、痤瘡，你並不一定得戒掉你心愛的巧克力或者炸土豆片。但是多數時候你的確得飲食結構均衡，睡眠充足，堅持運動。

護膚須知

保持身體內部的健康會讓你容光煥發。這裡有一個護膚常規，照顧你的身體非常重要哦。試試：

- 有一個健康的飲食結構，包括蛋白質、新鮮水果、蔬菜、麵包和穀類食物。
- 每天至少喝八杯水。
- 不要喝咖啡和茶（喝太多咖啡會使你皮膚晦暗）。
- 大量睡眠。因為你睡覺的時候正是皮膚細胞修復工作最活躍最積極的時候。
- 堅持運動，因為有利於促進血液流動、循環。
- 遠離煙草！吸煙讓你的皮膚早衰就像日曬一樣。注意看看那些吸煙者他們嘴巴四周的線條是什麼樣的！他們的皮膚看起來多麼乾燥！

皮膚類型

不僅飲食和生活方式會影響你的皮膚，隨著季節和你月經週期的變化，飲食和生活方式也需要隨之調整。由於這些變化，你可能要反反覆覆試上許多不同護膚品，所以，在你急急忙忙買上一大堆之前，先搞清楚你的皮膚是哪一類型。

有一些基本的皮膚類型，但是也可能你發現下面描述的哪一類你都不是，那就看看，綜合起來之後，哪一類跟你最接近。

中性　中性皮膚柔軟、細嫩，只是偶爾有瑕疵。性質均衡溫和，沒有油脂或者瑕疵。儘管看上去很好，但是你也不能因此忽略護膚——再好的皮膚也不能保證永遠保持那樣！

油性　在T型區域你可能有更多油光和瑕疵，所謂T型區域就是從你的前額開始，往下到鼻子和下巴。這是因為這塊區域皮脂或油脂分泌過多。你鼻子周圍的毛孔還顯得粗大。

油性皮膚比乾性皮膚需要更多工夫去護理，因為油脂容易招惹灰塵。避免用粗糙的護膚品，它讓你的皮膚過於乾燥，這會使得油脂腺過度工作以彌補你的皮膚失掉的自然油分。如果你潔面後覺得皮膚緊繃，那意味著你的皮膚表層收縮，通過毛孔的油脂的流動就會受到限制，引起毛孔堵塞。所以，選擇溫和一點的潔面乳。

乾性　乾性皮膚皮脂分泌少，這意味著風、空調和特別冷或特別熱的環境都會使它脫皮、皺裂或者感到緊繃，尤其是剛洗了臉以後。乾性皮膚的一個好處是：它比油性皮膚較少可能長粉刺或痤瘡。

敏感性皮膚　敏感性皮膚容易乾或者脫皮。在其T型區域可能有一些油光和瑕疵，容易有過敏反應。在颳風的天氣、冬天的寒冷或夏天的日曬之中，它可能過敏反應嚴重，一些化妝品也可能有刺激，使你的皮膚發紅，起一些斑點。避免使用含香料等可能引起問題的化學成分的化妝品。

綜合型　這是最常見的皮膚類型：一般油脂中心區域在從前額到鼻子到下巴的T型區域，面頰的乾燥區域和眼睛、咽喉四周。綜合型皮膚意味著你要在不同時候使用不同的護膚品。比如，你的臉可能夏天油膩，冬天過敏，偶爾長痘痘，尤其T型區域。

日常護膚三部曲

想要有不長痘痘的皮膚，沒有一個簡單的答案，但是當你每天早晚把你的臉保養得煥發珍珠白一樣的光澤時，請你遵循下面這三個步驟，它將有助於你保持這種狀態。記著，美膚路線包括你的頸部，往下更遠到你的乳溝，或者你覺得還有必要深入的話，那就到你覺得應該包括的地方。

1. 潔膚　良好的護膚習慣中最重要的部分是每天早晨清潔一次（祛除夜晚分泌出的毒素），晚上清潔兩次（第一次是祛除化妝品和污垢，第二次是真正的清潔）。潔膚祛除毛孔堵塞物，如過多的油分、死皮細胞、污物和化妝品。

下面是一些潔膚的貼身小手冊：

- 對皮膚要輕輕擦拭，否則它會乾燥，加快油脂腺分泌。
- 睡覺之前一定要卸妝。
- 祛除眼部化妝品要做特殊的皮膚護理，因為眼睛周圍的皮膚非常嬌嫩。

- 如果你用防水睫毛膏，你需要一種特殊的防水睫毛膏清除劑。
- 如果你是油性皮膚或者綜合型皮膚，就用油質潔面乳，因為它能更有效地分解油脂或油分，然後抹上無油配方的潤膚露。
- 膏狀、油質潔面乳適合乾性皮膚；水質潔面乳太乾了。
- 就像清洗頭髮上的護髮素一樣，把皮膚上的潔面乳清洗乾淨。
- 手指摩挲面部和鼻部，確保你感覺柔滑、清爽。
- 記得仔細清洗你的頸部。

2. 爽膚 用爽膚水閉合毛孔，保護你的皮膚遠離塵土污垢，清除殘留的潔面乳，為滋潤皮膚做好準備工作。爽膚水應該讓你的皮膚看起來更光滑，因為它把皮膚的酸性覆蓋物帶回皮膚表面。記住：

- 不要用酒精配方的爽膚水，即使你是油性皮膚。因為它會使你的皮膚脫去必要的水分。
- 花香水，通常可以從藥店買到，跟商店裡賣的爽膚水比要便宜些。油性皮膚或問題皮膚用金縷梅香水；乾性皮膚用玫瑰香水；敏感性皮膚和中性皮膚用春黃菊香水。
- 爽膚水抹到眼部之前用濕棉墊稀釋一下。

・如果用了爽膚水後你感覺皮膚緊繃，那你就用錯類型了，去找一種不那麼刺激的。

・記得給你的頸部也仔細抹上爽膚水。

3. 潤膚　補充皮膚水分，用有效的潤膚露保護你的皮膚不受環境影響。記住下面有關潤膚露的幾條：

・總是選擇防曬的。

・即使你是油性皮膚，熱天裡也要用潤膚露，選擇性質溫和的。

・如果你的皮膚非常油，或者容易長痘痘，用水質潤膚露。如果乾性皮膚覺得用水質的太乾，那就用油質的，易於吸收水分。

・如果你待在乾燥或者有冷暖氣的環境裡，你可能需要更頻繁地用潤膚露。

・潤膚露要滲入皮膚，否則會招惹塵土污垢。

・記得潤膚包括你的頸部。

小祕訣

以下是一些護膚的貼身小手冊：

・用大的棉墊代替棉球潔面和爽膚，前者大，用起來更方便，更好用。

・清除眼部化妝品的時候要小心，向內輕輕拖動棉墊或棉球擦過眼瞼，要保證別拉

伸皮膚。

・清洗後用冷水潑臉，促進血液循環，尤其在長粉刺的時候，它對觸摸很敏感。

・如果你不長粉刺，爽膚後輕輕拍打皮膚，促進血液循環，使你容光煥發。

・裝一些爽膚水在塑膠噴瓶裡，放在冰箱裡，當你想促進一下皮膚血液循環，或者在炎炎夏日想讓皮膚冷卻一下，可以拿出來用。

辨認區別

黑頭、白頭和粉刺的區別是什麼？

黑頭

那些帶黑點的張大的毛孔是由混合著死皮細胞的過剩的皮脂（油脂）引起的，它們堵塞毛孔，漸漸堆積起來。黑色不是髒，而是皮脂跟空氣接觸產生反應而變黑的。

怎麼辦？　早上潔面一次，晚上潔面兩次。熱浴後毛孔張大，你可以用紙巾把黑頭擠掉，或者試試用去黑頭面膜。不要擠靜脈附近或鼻子和眉毛之間的區域，因為那可能損傷神經末

古代的潔面

公元前三千年以前的中東，肥皂還未製造使用，人們用油脂來清除身體的污垢，洗浴用乳香、天然、百里香、墨角蘭和那些水果、堅果的香精。

梢。

另一個袪除黑頭的辦法是自製「去黑頭膏」，一週擦拭一次。用蜜和等量的杏仁（在健康食品商店可買到）和燕麥片製成，它可以拔除堵塞毛孔的油脂和污垢。

白頭

像黑頭一樣，白頭也是由混合著死皮細胞的過剩的皮脂（油脂）引起的。它們是肉色帶白頭的微小隆起。

怎麼辦？　早上潔面一次，晚上潔面兩次，袪除死皮細胞，保持毛孔清潔。

粉刺

粉刺是黃色膿點和黑頭的混合，是荷爾蒙分泌引起的，也可能是你沒有徹底地清潔皮膚或者用髒手去擠造成的。所以，千萬別去擠你的小痘痘！

怎麼辦？　你可以買治療粉刺的藥，如果無效，你可能要去問問你的醫生。醫生要是給你開了藥方或者治療辦法，你一定要問清楚有無副作用。不管怎樣，你別擠，因為很可能留下很嚴重的疤痕。遠離那些含香料、油脂或酒精含量很高的化妝品。可以從藥店買金縷梅，它對粉刺皮膚有很好的爽膚作用，而且不貴。

不長痘痘的貼身小手冊

下面這些小祕訣不能保證你完全不長痘痘，但肯定是有幫助的：

・壓力可能使你的皮膚更糟糕，所以工作要保持平和的心態。
・保證你的飲食健康，吃足夠的纖維食物，以使你有規律地排便。
・運動讓你保持體形，也讓你頭腦清醒。
・保證足夠的休息時間。
・開始皮膚護理前總是先洗手——手指傳播細菌。
・定期剪指甲，因為髒的指甲碰到臉可能引起感染。
・運動後立即洗臉，否則汗水可能堵塞毛孔，所以，記住：你的運動背包裡要裝著潔面乳和爽膚水。
・用直接滲透的潤膚露，否則可能積聚更多的灰塵污垢。
・別擠你的痘痘，否則你可能使它更嚴重，引起感染和留疤。
・擠痘痘可能使你的痘痘下去更深，這意味著它將持續更久。
・另一個不擠的好理由——一顆痘痘從長出來到下去是七天，如果你去擠它，那它又回到起點，重新開始了！
・儘量避免無意識地用手摸臉，讓你的女朋友們一看到你摸臉就阻止你。
・用化妝品可以臨時掩蓋你的痘痘。你也可以用更天然的，比如檸檬汁，可以減輕表面的紅色——用棉墊輕搽。

‧突出你的眼睛和嘴唇的光彩，以分散盯著你痘痘看的人的注意力。
‧保證你的頭髮乾淨清爽，別有頭油。
‧如果你的前額生小痘痘，那麼不要留劉海。

天然護膚

用天然的辦法消除痘痘，就是用棉墊把茶樹油或稀釋的薰衣草油（兩者都有抗菌性）塗在問題部位。為了使粉刺或問題部位的皮膚達到平衡，可以試試把五滴柏樹油香精、十滴檸檬香精加入五十毫升基本油（baseoil）中，混合均勻後搽在患處。

蒸汽療法

你可以用蒸汽給你的臉來個深度清潔，這對黑頭尤其效果顯著。清潔你的面部和前額。裝一碗接近沸點的水，加入三滴香精油：假如你是中性皮膚就用薰衣草和橘子；假如你是乾性或敏感性皮膚就用春黃菊和玫瑰；油性皮膚用檸檬和桉樹；綜合型皮膚用薰衣草和柏樹。把水攪拌均勻，使油散開，臉離水面二十至三十釐米遠，蒸上三分鐘，讓毛孔充分張開。

袪除老化角質

另一個潔面方法是袪除老化角質，就是袪除死皮細胞。這對於潛藏黑頭和粗糙皮膚的T型區域效果特別顯著。選擇一種具有研磨小顆粒的去死皮素，先把皮膚潤濕再用，否則粗糙的研磨顆粒會損傷皮膚。（蜂蜜和小麥胚芽可以製成物美價廉的去死皮素。）小心，假如你有粉刺或者皮膚敏感，去死皮不是個好主意——你最好用面膜來代替。

面膜

面膜是深度潔面的有效辦法，因為它可以拔除皮膚裡的不潔物。黏土或者泥質面膜是尤其有效的除垢劑。假如你在戶外待了一天，運動啊，看你男朋友渾身是泥地踢球啊，那要提醒你自己了，當你暖暖地來個泡沫浴的時候，做個濕潤的面膜。鱷梨對你的皮膚有很好的營養效果。用勺子挖出半個鱷梨瓤，搗成泥，把它塗在臉上和頸部，大約敷二十分鐘。

痘痘樂土……粉刺

如果你只是偶爾長個小痘痘倒也罷了。但是，當人

香精油

芳香療法源於古代傳統，就是用香精或者從藥草和植物中提煉的純植物油醫治意志、身體和精神問題。可別把香精油直接搽在你的皮膚上，因為它們性質較烈，可能灼傷皮膚或者引起過敏反應。要稀釋後或者以甜檸檬、杏仁、扁桃油為介質油來使用。

們開始叫你比薩臉或者膿腫毛孔時，你就感到想把自己鎖在自己的房間裡，待在裡面不出去了。你的父母告訴你沒有什麼其他人注意到你的痘痘，但是他們那樣說只是安慰你罷了。那麼，你可能會覺得你的臉糟透了，比其他任何人都要糟。

有一個基本事實可能給你一點安慰：十個人中有八個都會受到粉刺困擾，年齡通常在十五至三十歲之間。所以，別管人家說什麼可能以後也好不了，肯定不是你一個人有此煩惱。當你怎麼也對付不了那些粉刺，只能等它自己痊癒，你還是可以做點有所

我想荷爾蒙得爲此負責……

幫助的事的，比如保持你的皮膚清潔，減少感染和留疤的機會。

什麼是粉刺？

當你皮膚的毛孔堵塞，積聚的皮脂或油脂引起柔軟的紅色隆起時，粉刺就出現了。當它鑽出皮膚表面時，就形成帶膿頭的粉刺。膿頭一破，粉刺就下去了，消失了，一般不會留疤——但是得看有多少油脂，隆腫有多大，你是否「玩」它。

當毛孔堵塞嚴重時，炎症就會擴展進入皮膚深層，形成所謂的暗瘡，它不會長膿頭。最嚴重的粉刺（不是很普遍）是在皮膚深層形成囊腫，引起紫色隆起，可能持續數月甚至幾年才好，還可能留疤。所以千萬不要擠它！

為什麼是現在呢？

青春期的男孩和女孩，他們體內的男性荷爾蒙和女性荷爾蒙都有所激增，所以你會看到一些男孩子胸部變壯。我們可能抱怨那些男孩皮膚真糟，那是因為男性荷爾蒙影響皮脂腺分泌，從而改變了皮膚的油脂或皮脂分泌。所以，你注意到你的面

古代的祕方

西元前3000年前，古代埃及人用黏土藥丸來美容。對於脫皮問題，他們用一種特製的面膜，由閹牛的膽汁〈肝臟分泌的黃色液體〉、攪打的駝鳥蛋、橄欖油、麵粉、樹脂和海鹽製成。

部、頸部、上胸部和背部的皮膚出現斑點，這可是從未有過的。

粉刺警告

在某些情況下，粉刺也許會惡化：

- 荷爾蒙變化，比如在經期前。
- 壓力。
- 溼熱天氣。

怎麼辦？

有很多治療粉刺的藥，到藥店或超市可以買到。問題是你得找到一種適合你的。別指望會出現一夜奇蹟，也得給你用的藥一點發揮作用的時間，不行才換。如果用了兩個月還沒什麼動靜，那該換另一種了。假如你的粉刺久攻不下，去看醫生，他也許能幫助你，或者向你推薦一位皮膚病專家。關於他們開的藥方，你一定要問清楚是否有副作用。有的藥已經導致一些青少年絕望和自殺了——誰想治不好反而更加惡化呢?!

「喂」你的臉

除非你對某種特定的食物過敏，薯條和巧克力之類的零食不會影響你的痘痘。不過，好好吃飯確實有益健康，包括皮膚的健康。所以，飲食結構要平衡，必須包

括蛋白質、新鮮水果和蔬菜、穀類和澱粉類食物。多喝水，盡可能少吃「垃圾」食品。

維他命A、B、C和E及礦物質鋅對皮膚有益：

- 維他命A可以修復皮膚組織。胡蘿蔔、菠菜、花椰菜和杏裡富含維他命A。
- 維他命B幫助修復皮膚。魚、肉、杏仁和乳製品裡富含維他命B。
- 維他命C使你的皮膚更為結實。草莓、柑橘等水果、捲心菜、蕃茄和水田芥富含維他命C。
- 維他命E對皮膚健康很重要。杏仁、榛子和麥芽富含維他命E。
- 鋅和維他命A在一起可以使皮膚更健壯。肉、海產品、燕麥片、脫水的大豆和牡蠣富含鋅和維他命A——多好吃呀！

皮膚與日曬

沐浴在陽光裡多麼愜意啊！陽光的熱力好像把你的煩惱都融化了，你想像自己擁有性感的古銅色身體。來想像一下你十八歲、二十五歲、三十歲……的樣子吧，你還可以往下想。考慮考慮吧，你想三十歲的時候就成為梅乾菜嗎？或者，甚至更

糟，得皮膚癌？開始照料你的皮膚吧，越早越好！

日照的傷害

跟變老相關的一些情況如起皺紋、皮膚變粗糙，實際上都是日照引起的。雖然面部拉皮術可以讓你臉上皺紋消失，但是你無法對你的頸部和手如法炮製——它們是最先老化的部分。

儘管有種種警告，澳大利亞人還是比其他國家的人們更容易患皮膚癌。多數傷害是在他們年輕的時候。事實上，住在澳大利亞終其一生的人們三個中有二個會得皮膚癌。

聽聽癌症協會的忠告吧：「穿上你的襯衫，搽上你的防曬霜，戴上你的帽子」，即使冬天也要和夏天一樣遵照這些去做。還有，給你自己買一副風度翩翩的太陽眼鏡，配上你的護眼霜（買的時候看看牌子），保護眼睛別得青光眼和白內障。

紫外線輻射

來自太陽的紫外線輻射（UVR）就是傷害皮膚的罪魁禍首。它不但引發皮膚癌，還使你天然的免疫能力下降，這意味著當癌細胞形成的時候，你的身體不能識別和消滅癌細胞了。

有時候，你的皮膚受紫外線輻射好像在灼燒，你不一定感覺得到，其實，涼爽多雲的天氣和晴熱的天氣紫外線輻射是等量的。在冬天，即使紫外線輻射較低，日照同樣對皮膚造成傷害，只是需要的時間更長些而已。

防曬霜

如果使用合適，防曬霜通過吸收或反射（這要看你用的是哪種類型），可以幫你的皮膚阻擋絕大部分的紫外線。癌症協會建議使用光譜比較寬的防曬霜，因為它可以阻擋兩種輻射射線——UVA和UVB。

乳霜、潤膚露和凝膠效果都差不多，選擇一種適合你的即可。如果你是敏感型皮膚，那你可能對某些類型的有反應。尤其是那些酒精配方的（通常是潤膚露和凝

SPF（陽光保護因子）

防曬油的SPF值告訴你，當防曬油塗抹得合適的時候（出門前二十分鐘均勻的抹上一層，然後每隔二小時再抹一次），它將會給你多大的保護。但是不管你用的防曬油SPF值是多少，它都不可能完全保護你的皮膚不受陽光傷害。

SPF值高的防曬油比SPF值低的防曬油能過濾更多的紫外線（SPF30的防曬油比SPF15的防曬油過濾更多的紫外線），但這並不意味著你就可以在陽光下多待。記住常常檢查防曬油的有效期限，確保仍然有效。

皮膚的絕望

你認為曬得黝黑發亮是健康，性感？記住：曬得越黑你的皮膚受傷越大。

膠）。乾性皮膚最好買乳霜和潤膚露，因為它們引起過敏反應的可能性小。沒有哪種防曬油能把你完全保護起來，所以你還是要記得戴帽子，穿不要露太多的衣服，盡可能多待在陰涼裡。

皮膚少曬一點太陽是有益健康的，但是不要過度。這裡有幾條要記住：

- 每星期曬點太陽，你的皮膚會吸收陽光含有的維他命D，但是，記住：曬太陽的時間不是以小時計，而是以分鐘計。
- 上午十一點至下午三點（或者上午十點到下午二點）待在不被曬的地方。
- 如果你想曬黑，循序漸進地來——慢慢增加你暴露在陽光裡的時間。
- 擁有一頂迷人的帽子意味著你想戴它。
- 棒球帽不能保護你的耳朵、頸部或面頰。
- 穿長袖立領的上衣，保護你的胳膊和頸部——誰想身上黑一塊白一塊的呢？
- 黑色的寬鬆織物使紫外線穿過較少。
- 彈性織物不能提供多少保護。
- 在每天你出門前半個小時搽防曬油，不要忘記搽臉！
- 用SPF值為三十的防曬唇膏保護你的唇。
- 記得每隔二個小時塗一次防曬油，如果在游泳或流汗過多時要塗得更頻繁一些，

尤其是在戶外運動。

・陰天、冬天或者你待在樹蔭下也有可能曬傷。

・來自水、地面、雪甚至白色牆壁和淺色混凝土的反光也可能引起曬傷。

・雪坡上較為稀薄的空氣過濾掉的紫外線要少一些，也可能增加曬傷的危險。

・日光浴可能傷害皮膚。

治療曬傷

這裡有幾個家常療法，可以緩解你的曬傷：

・在微溫的水裡泡澡，在水裡加入一杯蘋果酒醋和八滴春黃菊香精油。

・半杯水、二至三滴薰衣草、黃菊油和天竺葵香精油混合，用海綿輕輕擦洗曬傷部位。

・在一勺油裡稀釋四滴春黃菊香精油、三滴天竺葵香精油和一滴胡椒薄荷香精油，然後把它加入你的浴缸。

・在手帕裡包一杯燕麥片，然後把它繫在水龍頭下，當你暖暖地淋浴時，皮膚可以

皮膚癌

你生命中的頭十五年不加任何保護地直接曝曬於陽光之下，使你以後得皮膚癌的機率比一般人高兩倍以上。如果你身上有看起來很可疑的斑點，或者斑點的顏色、型狀發生變化，那麼去看醫生，任何一種皮膚癌治療起來都很快。

吸收。

・用曬後油營養你的皮膚。稀釋一些香精油——十滴薰衣草、五滴春黃菊、二滴天竺葵，加入七十毫升橄欖油中，洗澡後抹遍全身。

偽造曬黑效果

不管怎樣暴露於紫外線輻射之下都會讓你的皮膚受傷，所以想要曬黑的皮膚最安全的辦法就是偽造曬黑效果。嗨，用這個辦法你可以一年四季都有黝黑的皮膚喲！（忘掉日光浴，它對你的傷害可能比陽光還要大。）

有一系列的偽曬黑產品供你試用。要找到你喜歡的可能會花些時間，所以呢，把商店逛遍。你可以選擇顏色的深淺（有淺色、中等和深色），可以選擇用乳霜、凝露還是潤膚露。有幾個小祕訣可確保你均勻「曬黑」：

・首先祛除角質，這樣你的皮膚就光滑了，你的「曬

黑」才能均勻。

- 當你抹乳霜、凝露或潤膚露的時候一定要均勻，否則——斑馬腿可是很難被人欣賞的！
- 腳踝、膝蓋和肘部顏色可能會顯得深，所以在這些關節部位塗得少一些。
- 穿上你的新裙子或者躺在你的床單上之前，要用很長的時間確保它乾了。
- 你也可以塗在臉部，但在你髮型正面的輪廓線部位要小心，在頭部周圈繫一條毛巾或戴個頭巾帽，如果你不小心弄到眉毛上，要趕快用洗臉毛巾或紙巾擦掉。
- 如果你想顏色更深，就多抹幾層。
- 弄完之後洗手，如果你發現你的手掉色，就拿切開的檸檬輕輕地擦。
- 你的「曬黑」應該持續三至四天，你感到你需要加深顏色了，就再抹吧。

記住，製造曬黑效果的完全是化妝品，不會保護你免受曬傷。你出門的時候仍然要穿衣戴帽搽防曬油。

秀髮

你注意過人們生病或有壓力的時候頭髮失去光澤嗎？就像光滑的皮毛是小貓小

狗的健康標誌一樣，頭髮的光澤也表明你的身心狀態。實際上，你的頭髮反映了最近幾天內你的健康狀況，因為頭髮是你身上蛋白質生長最快的部分。

除了好好吃飯、大量運動和睡眠以外，你還需要給你的頭髮一些TLC。你不需要洗得過度、護髮素用得過度、梳得太勤或者吹頭髮吹得太勤。

洗髮

洗髮的頻率根據你自己的需要。只要你用的洗髮精是溫和的，那麼，每天或每隔一天洗頭也沒什麼好擔心的。有「日日洗」的洗髮精，或者給幼兒用的洗髮精。別在洗澡的髒水裡洗頭！

如果你不想每天洗頭，那就每隔一天洗一次。護髮素不要每次用，而要隔次用。如果你遭受脫髮的困擾或者髮質不好，護髮素還是蠻管用的。

不要洗得過度（用許多洗髮精），因為會洗掉你頭髮上天然的油脂。洗頭髮的時候泡沫多只是說明這種洗髮精裡含有大量洗滌劑，而不說明你的頭髮洗得多乾淨。

如果沒有任何明顯的原因，你的頭髮開始看起來沒有生機和活力，試試換種品牌的洗髮精和護髮素。有時候你只是需要

> **古代的髮型**
>
> 你聽說過布丁碗髮型，是嗎？但是，金字塔髮型聽說過嗎？西元前一五〇〇年前的埃及人分層剪髮，效果就像古代金字塔的形狀。

把你正在使用的那種品牌的洗髮精、護髮素停用一段時間。

護髮

如用潤膚露護膚一樣，定期護髮對光澤健康的頭髮必不可少。它不僅增加頭髮的光澤度，而且有助於保護頭髮，避免傷害。小心護髮過度（用太多護髮素），可能使你的頭髮走向反面，晦暗、沒有生氣。

你要不時地給頭髮來一次加強護理，到藥店和超市能買到這種護髮素，或者也可以自製。抹上這種護髮素後，把頭髮用塑膠布裹起來，放鬆，看一些你愛看的雜誌或者「垃圾」電視。你身體的熱量被你頭上的塑膠布包住了，會使護髮更有效果。

墨西哥女人用一種油使她們的頭髮又濃密又有光澤。（對於去頭皮屑也很管用。）你呢，可以用甜杏仁油。

- 把放在瓶子裡的油置於熱水中加熱幾分鐘，取二勺塗抹髮根，然後從髮根梳至髮梢。
- 在頭上裹個毛巾，裹上三十分鐘，然後用洗髮精洗掉。

乾髮

讓你的頭髮自然晾乾是最好的，但是也要看你的頭髮是什麼樣的。當你用毛巾

擦乾的時候，要輕輕地，別使勁。

如果你用吹風機吹，別用最高檔，因為很可能引起頭髮分叉。顯然，用吹風機和梳子捲髮的效果與捲髮夾效果一樣。如果你的頭髮沒型，你可以買定型膠或護髮乳，增加頭髮的彈性。

按摩頭皮

良好的頭皮血液循環幫助營養成分深入髮根（所以你可以看到洗髮精含有迷迭香，它就是刺激循環的），因此，把手窩成杯狀置於頭皮上，按摩你的腦袋吧。前後左右輕輕搖動你的一塊頭皮一二分鐘，然後換下一塊。記住，淋浴的時候按摩頭皮，用幾勺加熱的橄欖油。

亮髮秘訣

傳統方法是用藥草亮髮。春黃菊對金髮很有效果。將二勺乾春黃菊放在六百毫升的水裡接近沸點後煮二十分鐘，然後讓它冷卻下來，過濾，在你用洗髮精之前把部分藥水塗在髮根，剩下的用於你清洗護髮素以後。一些女孩子用檸檬汁光亮她們的金髮，但是你得小心，它可能使你的頭髮失去水分。用檸檬汁最好的辦法是和一些護髮素混合。

飛快生長？

一些人認為經常修剪頭髮會使它長得快。抱歉得很，你的頭髮是從頭皮裡長出來的，它可不管剪刀怎麼做。

光亮黑髮可以試試鼠尾草和迷迭香，在六百毫升的水裡鼠尾草和迷迭香各放二勺，接近沸點後煮二十分鐘，然後冷卻，過濾，洗去洗髮精和護髮素之後各塗一次。

散沫花染劑對紅色頭髮有效。有多種散沫花染劑可供選擇。健康食品店和藥店都可買到。使用時要看說明書。

梳子按摩

你的髮梳是你護髮的重要組成部分。這兒有幾條宜與不宜：

- 天然髮梳對你的頭髮最好，但是如果你的頭髮濃密甚至打結，這種梳子可能軟了些。
- 濃密的頭髮或者捲髮用天然與合成材料混合的梳子。
- 梳頭髮時腦袋垂下來，以增加頭皮血液循環。
- 用吹風機定型時用圓梳，也間雜使用平梳。
- 試著在你的梳子上噴點髮膠，而不是直接抹到頭髮上，這樣當你梳頭時，髮膠均勻而深入。

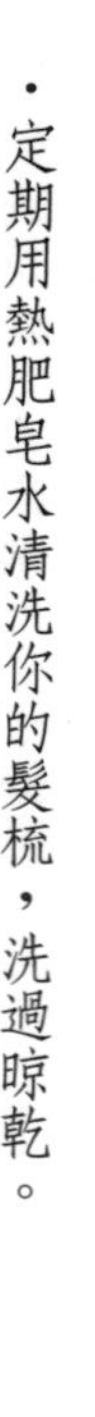

- 定期用熱肥皂水清洗你的髮梳，洗過晾乾。

・梳濕頭髮時要小心，如果髮梢打結，就要從下開始梳。

・梳頭髮時不要擔心掉髮，一天掉一百至二百根頭髮很正常！

染髮

染過或燙過的頭髮更容易受傷。染過、燙過的頭髮一般有指定的洗髮精、護髮素，因為它們是特別設計的，避免使頭髮掉色或洗掉捲髮。在陽光下，染髮容易褪色，所以要戴帽子保護一下。你會發現很多去頭皮屑的洗髮精也會使你的頭髮掉色。

你的頭髮是什麼類型的？

儘管不是每個人都天生一頭濃密、健康的秀髮，但這不意味著你的頭髮不能成為你身上的焦點之一。適宜的護理和髮型可能讓你擁有引以為榮的頭髮。

你可能發現你的頭髮就像你的皮膚（和性格），一生中都在改變類型。頭髮有四種類型：中性、油性、乾性和綜合型。

> **勇敢的行動**
>
> 一九〇九年，法國化學家創建了法國無害染髮劑公司，但是，儘管這個名稱很引人注目，但它並沒有很快成功。一年後，公司改名為歐萊雅——不用再多說了吧。

中性頭髮

如果你的頭髮是中性的，那麼向你表示祝賀！因為這意味著你遵循基本的洗髮、護髮、乾髮程序就可以了。你務必做的就是保持健康飲食和運動，以使頭髮保持這種良好狀態。

油性頭髮

青春期你的面部分泌更多油脂，你的頭皮也如此。本來一週洗一次就夠了，現在你發現二十四小時後你的頭髮就軟塌塌、油呼呼了。如果必要，一天洗一次頭髮也行，但一定要用溫和的洗髮精。用太粗糙的洗髮精只能讓你的頭皮油脂分泌更多。

藥草迷迭香對頭髮有益，幫助減少油脂分泌。你從花園裡採來許多新鮮迷迭香或將二勺乾迷迭香加入六百毫升冷水中，可以自製洗髮藥水。煮沸，沸騰後再煮十五分鐘，等它冷卻，過濾，然後塗在你的髮根。如果可能，在用洗髮精洗髮之前，最好讓迷迭香藥水在頭髮上待上一夜。

梳頭刺激頭皮，皮脂腺可能分泌更多油脂，所以在你洗髮前梳梳頭。梳的時候一定要從髮根梳至髮梢，以便油脂自然分泌。

乾性頭髮

乾性頭髮可能由以下多種情況造成，包括：曝曬於陽光、糟糕的飲食、染髮、用吹風機和其他電熱設備如燙髮捲、髮棒。吹乾的頭髮通常亂蓬蓬的，容易損傷。

用甜杏仁油做洗前按摩，會改善乾性頭髮的狀況。試試加十滴春黃菊香精油到你常用的洗髮精裡。假如你的頭髮鬆散而纖細，難以梳理，就不要洗太勤。頭髮濕的時候梳比較好。

用醋洗頭

可以使頭髮光滑柔順。把一勺醋倒進六百毫升水裡稀釋，洗頭後梳順，然後用清水沖乾淨。

綜合型頭髮

髮根油，而髮梢乾枯、容易斷折，但是頭髮很直。用溫和的洗髮精，髮梢一定要用護髮素好好護理。水一定不要太熱，因為熱水促進皮脂腺分泌油脂。

頭髮的困境

你不可能像你的小妹妹，假如哪天你的頭髮特別糟，你就待在家裡不出去。如果你不得不出去，這裡有幾招幫你擺脫頭

難以置信？

西元前九〇〇年埃及女王有一副假髮，龐大到她走路都需要僕人幫忙。這副假髮現在在開羅博物館，由褐色的人的頭髮製成，外面塗了一層蜂蠟。

髮的困境。

頭皮屑

你的皮膚細胞不停地從你的頭皮上脫落，頭皮屑像雨一樣飄落肩膀，這可不好看。尤其是你想在約會那天穿一件性感的黑色上衣。

沒有人知道到底頭皮屑是什麼引起的，所以也沒有辦法避免，但是有對付它的辦法，一些人認為它跟頭皮乾燥有關，但是油性頭髮也有頭皮屑。有時用那些去頭皮屑的洗髮精就可以了，有時候就得用藥用洗髮精。用藥店推薦的品牌，或者到超市找合適的。你會發現，你停用去頭皮屑洗髮精之後，頭皮屑又回來了。如果你覺得癢或者發炎了，去看醫生或者問問自然療法專家有什麼建議。

一個自然的療法：六滴迷迭香油與三十毫升橄欖油混合，擦在頭皮上，你什麼時候洗頭，就什麼時候沖乾淨。

1960年的好頭髮

2000年的糟頭髮

護髮小招

有幾個土方法可以幫你護髮：

- 在海裡游泳後，用蘇打水洗髮非常好，可以

祛除海鹽和沙子。

- 如果你在氯水消毒的水裡游過泳後，你的金髮發綠，你一定不高興，可以試試用蕃茄汁洗頭——請在最後一次清洗頭髮之前！
- 假如你拿你分叉的頭髮沒辦法，可以在頭髮上擦凡士林，很快能修復。
- 你可以買專用的護髮品保養你的捲髮、非洲式髮型，還可以透過經常的按摩，刺激油脂分泌，使捲髮「聽話」，容易打理。
- 用一杯跑了氣的啤酒跟三杯水混合的溶液洗頭，使柔軟的頭髮有韌性。
- 假如脫髮嚴重，試試睡緞面的枕頭。
- 假如你發現頭髮剛洗過又油膩了，可能是你用的水太熱了，試試用冷水洗。

頭髮糟糟的一天

總有一些日子你不能讓你的頭髮看起來輕清爽爽。如果夠長，紮個馬尾辮，如果是短髮，戴一頂可愛的帽子把它藏起來。

指甲保養

你的指甲顏色可能反映你的心情。有一件事是肯定的，你沒必要把指甲留得很長，去引人注目。短指甲容易護理。只要你的指甲修得乾淨整齊，它們看起來就會很好。你一定要避免那個不好看的形象——咬指甲。

保持堅固

如果你的指甲生長有問題，有很多方法可以幫助你，但是對於指尖，還沒有一個簡單的解決辦法。比如，鋅對於指甲的堅固和健康很有用（和鈣一樣有益），日常的食品和海產中都含鋅。下面還有幾條可以使你的指甲更結實：

- 塗指甲油來保護它們。
- 使用洗滌劑的時候戴上洗滌手套。
- 在一個方向上銼你的指甲——來來回回地銼會使指甲不結實。
- 洗澡後銼指甲，因為那個時候指甲比較軟，不易折斷。
- 讓指甲邊緣圓，指尖方，這樣能夠更好地保留指甲油。
- 用杏仁油做日常按摩，使指甲免於乾燥脫水。
- 如果你的指甲容易斷折，試試自然療法：十滴薰衣草、檸檬、葡萄柚或迷迭香香精油與一勺鱷梨油混合，每晚用來按摩指甲。

抹指甲油

說到抹指甲油就是熟能生巧，但是以下幾條對你還是有用的：

- 首先要清潔指甲，修剪整齊。
- 在用指甲油之前不要搖，它可能產生氣泡，但是可以把瓶子倒過來，夾在你的兩手之間滾動。
- 如果指甲油變稠，用一滴去指甲油水稀釋一下。
- 用指甲刷蘸一滴指甲油以後在瓶壁上擦一下，這樣你就不會弄好大一滴出來了。
- 從指甲根部開始，抹上薄薄的一層（抹厚了容易裂、捲）。
- 等到第一層完全乾了再抹第二層。
- 為了顯出顏色，塗薄薄的兩到三層。
- 別擔心你弄到皮膚上的斑點，洗澡的時候就可以洗掉了。

別咬指甲！

阻止你咬指甲的最好辦法是採取積極措施。開始，讓你最好的女朋友幫你修指甲（當然，對你咬過的指甲，她得盡最大努力），然後塗上一些藥店有售的怪氣味的東西。每天搽油或潤膚露，自己定期修剪。

去指甲油

在你去除指甲油之前，先在你的指甲跟部的外皮上抹上潤膚露或者其他什麼油，以免太乾。

第三章 妳的健康

健康飲食

漢堡、油炸食品、巧克力、餅乾和炸土豆片……哎！你知道這些對你都沒好處，但是它們是多麼誘人！你不必放棄這些，只是不要以它們為生。

從現在開始培養一個健康的飲食習慣，因為這將有助於減少你以後生活中的健康問題，比如心臟病、癌症和糖尿病。它還有益於你的皮膚、指甲、頭髮和牙齒保持良好狀態，保持體重。

為了獲取那些營養成分，你需要維持健康，你每天需要吃的各式各樣食物都包括在以下五大類食物裡：

- 麵包、穀類、米飯、麵食、麵條。
- 蔬菜和豆類（包括新鮮大豆、豌豆和乾大豆、豌豆、小扁豆、鷹嘴豆和裸豆）。
- 水果。
- 牛奶、酸乳酪和乳酪。
- 畜肉、魚、禽肉、蛋、堅果和豆類。

青少年生長變化是如此之快，所以他們比成人和兒童需要更多的營養。因此，你需要大量植物性食物，如麵包、穀類、米飯、麵食、麵條、蔬菜、豆類和水果；

每天吃各式各樣的食物

適量的動物性食物，如牛奶、酸乳酪、乳酪、畜肉、魚、禽肉和蛋；以及少量的「其他」食物，如油、人造奶油、炸土豆片、餅乾和巧克力。

吃同一組裡的各種食物很重要，因為有些營養成分，不同的食物比其他食物提供得更多。比如，菠菜、花椰菜、胡蘿蔔含有豐富的維生素

A，而辣椒、花椰菜和蕃茄裡含有豐富的維生素C。

健康的飲食還意味著每天大量飲水。熱天或者運動的時候需要喝更多的水。

> **運動員**
>
> 記住，有一點很重要：所有的營養成分都有才會使你健康。所以只在意某些特別食品的流行時尚對你沒有好處。

鐵的吸收

當你發育的時候，當你開始來月經的時候（因為血流失了），你的身體對鐵的需求大大增加。如果你缺鐵，你可能感到疲倦，你好像不想動，或者你發現經常被感染。

食物裡的鐵有兩種類型：血紅蛋白的和非血紅蛋白的。含血紅蛋白鐵的食物如紅色肉類、魚、禽肉裡都有豐富的鐵；含非血紅蛋白鐵的食物如麵包、水果、早餐穀物、蔬菜、豆類、堅果和雞蛋含鐵較少，在這種含鐵形式中鐵不易被吸收。對於鐵質豐富的飲食來說，血紅蛋白鐵的食物和非血紅蛋白鐵的食物都很重要。

紅色肉類和蔬菜一起食用的時候，紅色肉類能促進人體對非血紅蛋白鐵的食物的吸收。維生素C也有助於鐵質的吸收。

> **值得**
>
> 注意保持營養均衡的飲食會讓你嘗到甜頭。飲食合理的人：
>
> ・精力更加充沛。
>
> ・看起來更健康。
>
> ・能更好地抵抗疾病。

吃的享受

吃不僅是必需，而且是令人愉快的娛樂。慢慢吃，細嚼慢嚥，吃的時候專心致志，別同時還在看電視或者看書。

素食主義

因為環境、健康、宗教信仰或者哲學等種種原因，你可能選擇做一個素食主義者——或者是因為你不喜歡吃肉。不管你是素食主義者還是「肉食動物」，重要的是你要有一個均衡的飲食結構。

你要做一個素食主義者也有很多選擇。部分素食主義者吃魚和禽肉，但是不吃紅色肉類如牛肉、羊肉、豬肉。全素食主義者和純素食主義者所有的動物食品都不吃，不吃肉、魚、蜂蜜或乳製品如乳酪、酸乳酪。儘管水果主義者只吃水果，但這水果可能包括莊稼地裡長的所有水果，如種子、穀類和蔬菜。

積極活躍的生活

英國素食者協會創建於一八四〇年，它的名字來自拉丁詞語vegetus，意思是積極、活躍。他們相信無肉飲食會使你更健康、精力充沛。

均衡

像任何飲食一樣，素食主義者的飲食也應該結構均衡。要做到這點並不難，但是如果你一直習慣了以肉食為主，那現在吃什麼你得花點心思。現在的許多家庭他們的飲食比起十年前，肉少得多。但是如果你們家非常喜歡吃肉，就意味著你可能得為籌畫自己的一日三餐負點責任，你需要懂得一些非常基本的營養知識。

保持記錄

假如你剛改變了飲食習慣，變成一個素食主義者，要想肯定你營養全面、充足，試試記日記，把你吃了什麼記下來。這個辦法可以使你確定你是否營養均衡。

哦，不！素食者！

一些父母信奉素食。因為他們認為如果你吃太多碳水化合物，你就不會獲得充足的蛋白質了。素食者的飲食非常健康。複雜的碳水化合物（如裸豆、麵包、米飯、麵食、馬鈴薯和甜玉米）對你正在發育的身體是很好的燃料，你可以從豆類（如新鮮的豌豆、大豆、乾大豆、裸豆、鷹嘴豆和小扁豆）、植物、牛奶和豆製品裡獲得所有蛋白質。不過，一些維生素和礦物質，水果和蔬菜裡沒有。

不吃動物食品你可能很難獲得你需要的維生素B_{12}、核黃素或者B_2和維生素D。我們的消化系統和神經系統需要維生素B_{12}，它維持著我們的骨髓生長，而骨髓是形成我們血紅細胞的地方。植物裡一般沒有維生素B_{12}，蘑菇如果從它所生長的混合肥料裡吸收了維生素B_{12}，那蘑菇裡倒是會有。維生素B_{12}在下列食物裡有：

- 乳製品
- 魚
- 杏仁
- 酵母菌

你還要注意你對鐵和鈣的攝取。下列食物裡含鈣：

- 豆製品
- 水生有殼動物（蝦、蟹及貝類）
- 大型褐藻
- 豆製品，比如豆腐
- 添加鈣的豆漿
- 杏仁
- 魚
- 蔬菜，比如花椰菜、菠菜和捲心菜
- 西洋芹

• 穀類，如芝麻種子

其他必需的礦物質（包括鉀、鎂、釉、鋅），蔬菜、水果和穀類裡有，健康的素食者飲食裡應該大量包括這些。

體重

好像有些女孩子想吃多少就吃多少，而且不長胖；而另外一些呢，感覺她們哪怕看一眼吃的也會長肉。脂肪貯存是正常健康的一件事，它能維持你的身體機能良好運轉。因為它：

• 有禦寒作用。
• 你需要能量的時候提供給你。
• 當你不能進食的時候——比如生病的時候——滋養你。
• 保護你的骨骼和肌肉。

為什麼是我？

女性儲存脂肪的能力通常是男性的兩倍。這不但有助於懷孕和哺乳，而且是健康的生育系統所需要的——當你的體內脂肪含量過少時，你可能會停經。許多女性

體重變化

當你身體發育的時候，你會發現你的體重改變相當大，有時候，比如你來經的時候，體重可能比其他時候有所增加。即使是幾天內也可能起伏波動。

的脂肪多在大腿、臀部和腹部，但也有的在胸部和上臂。

我們身體的脂肪多儲存在哪裡，在我們出生以前就被決定了。脂肪怎樣被儲存，儲存在哪兒取決於我們的遺傳。所以，體型和脂肪含量好像在家族內循環。就像你眼睛的顏色，不可能改變。（還沒有像隱形眼鏡一樣的發明能遮蓋我們的身體。）

節食

你聽說過多少遍了：體形與時尚有關。你也聽說過：古羅馬人喜歡女人豐滿一點。不過生活在以瘦為美的二十世紀末的你，可能從中得不到多

少安慰，每個人都在焦慮他們吃什麼，他們有多重，他們運動了多少。

可以肯定的是，注意你吃什麼，是否充分運動了很重要，假如你不是有時很希望改變自己的體形，那你才真有點不尋常（或者棒極了！）。儘管如此，保持你體態苗條的最好辦法還是飲食均衡和適度運動。沒有均衡的飲食，你的身體得不到你所需的營養，你更有可能遭受身心兩方面的痛苦，可能會有以下症候：

- 情緒變化無常。
- 焦慮和絕望。
- 注意力不集中。
- 易怒、生氣。
- 失眠。

無論受學校裡那套規矩的激勵，還是想看看明年夏天穿上比基尼的模樣，許多女孩都會在一段時間內減輕幾公斤。——或者至少會考慮這樣做。可能那些最受歡迎的時尚飲食，比如蛋、葡萄柚或者全蛋白飲食，這些許諾給你一個「奇蹟般」的結果（然而不能提供你均衡的營養）。可能看起來很有效果，但是你如果一週內減掉五公斤，那大部分是水分。你一拋開這種飲食，回到正常飲食中，體重立刻又反彈回去。有時反彈得比原來還重。

你如果想節食，要好好想一想。營養均衡嗎？只吃一兩種食物對你沒好處。這種節食方法靈活機動嗎？你別讓自己只能固定地吃那幾樣食物。有你特別不愛吃的東西嗎？那你堅持不了多久的。你允許自己偶爾美餐一頓嗎？這可是很現實的。

有些女孩子對自己的體重、體形著迷了，節食成了一種生活方式。節食可能會導致飲食紊亂。當一些女孩子體重開始減輕的時候，她們的胸房告訴她們，她們看起來有多麼漂亮，於是，她們繼續節食，想著她們體重減得越多，她們看起來越漂亮。

飲食紊亂

我們沒有幾個人站在鏡子前面時總是滿意鏡子裡的自己的。即使總括來講還是滿意的，但是肯定不是在這兒就是在那兒挑毛病——臃腫的腹部啦、粗壯的大腿啦。我們大多數人都會在一定程度上誇大自己的瑕疵，但是有些女孩子發展到嚴重歪曲自己的實際的體型，甚至都瘦得皮包骨頭了還認為自己胖。她們實在是恐懼自己變胖，所以嚴格控制飲食量，拼命運動燃燒體內可憐的那點脂肪。而一些女孩子吃飯像羊吃草，吃那麼一點，然後就覺得像犯罪一樣。另外的呢，會在短時間內大吃大喝，通常選擇的食品都是高脂高糖的，包括馬鈴薯、炸薯條、霜淇淋和餅乾。然後她們繼續嚴格節食，或者製造嘔吐，把吃下去的吐出來。

飲食紊亂，如厭食症和暴飲暴食都會有害身體健康，如果不好好對待，所有的飲食紊亂都有可能變成嚴重的病症。

為什麼？

一個人發展到飲食紊亂並不是她個人的原因，不要責備個人。首先，有那麼大的社會壓力——以瘦為美的社會，時裝雜誌上美麗奪目的模特兒們，學校裡孩子們看了，受影響，不免要嘲笑達不到「理想」身材的女孩兒。同時，生活充滿壓力，快樂難尋，所以一些女孩子在食品裡尋求安慰。

飲食紊亂可能跟控制有關：透過控制你的飲食，好像控制了你所不可控制的人生。飲食紊亂可能跟完美主義有關：以好和壞、對和錯、瘦和胖來看待事物。它也可能跟這樣一些心態有關：心情不夠好或者想保持孩子般的體態，不想長大。當你發現對付諸如生氣、困惑、絕望這些情緒有困難時，你可能藉由吃來解決。

對於飲食紊亂的發生不要感到焦慮或有犯罪感，更重要的是把精力放在尋找支持和發現解決問題的辦法上。

厭食症

得厭食症的女孩子把瘦奉若神明，非常恐懼變胖。厭食症這個術語並不是很準確，因為厭食的意思是「沒有胃口」——厭食症患者並不是沒有胃口，她們很餓，但是不吃，她們精神狀態緊張焦灼。

一個患厭食症的女孩子可能變得非常愛保密，變得精於對家人隱藏她的飲食習慣，用盡各種把戲保證幾乎沒有什麼食物進入她體內。一個人發展成厭食症可能有以下跡象：

- 對食物和體重著魔。
- 扭曲自己的形象。
- 把午餐扔掉不吃。
- 避免跟吃有關的外出，比如到飯店。
- 過度運動。
- 把食物切成小小片。

一段時間後，因為她的身體在挨餓，會有以下身體症狀：

- 體重大量減輕。
- 月經不規律甚至停經。
- 胳膊和臉上長汗毛。
- 掉頭髮。
- 無精打采。

・在溫暖的天氣裡覺得冷。

暴飲暴食和自瀉

有時節食和饑餓導致瘋狂地想吃東西。大吃大喝過後，女孩子會吃瀉藥什麼的把吃過的拉掉，以免長胖。有時她狂吃狂喝並不是節食的緣故，而是為了舒服，她把它作為安慰情緒的途徑、解決情感難題的辦法。一些女孩子的體重會因此比正常的低得多，另一些還保持正常體重。

暴飲暴食又自瀉的女孩子不會有規律的飲食結構。她們可能幾天不吃東西，然後大吃大喝，幾乎會吃掉眼前所有的食物。她們也可能一天之內大吃大喝幾次。然後，為了保持體重，她們製造嘔吐、吃瀉藥、減肥藥或過度運動。以下是其症狀：

・潮濕的手。
・手指上是牙咬的青紫和疤痕。
・經期不規律。
・由於胃酸的腐蝕，牙釉脫落。
・嗓子痛。
・慢性咽炎。

用瀉藥、利尿劑不但危險，而且也不是減輕體重的有效辦法。瀉藥的作用是清

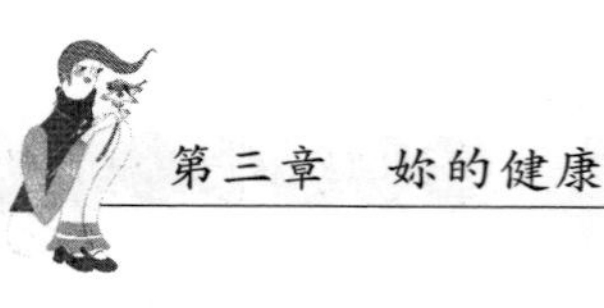

空大腸，但是在此之前卡路里已經被小腸吸收了。甚至大劑量的瀉藥也對卡路里的吸收沒有多少影響。你丟掉的是液體。同樣的，利尿劑也對卡路里或脂肪毫無作用，只是排出液體。

治療

很可能你還沒有注意到，你已經跨入飲食紊亂的行列。但是，如果是一個朋友開始顯露出那些跡象，你可能會注意到。當你問她的時候，她可能會否認。她越早得到幫助，恢復得就會越快。你應該和老師、學校的諮詢專家談談，或者打諮詢熱線求助。

假如你覺得你的朋友飲食紊亂，第一步是找個可以與你談談你的擔心的人。你的朋友需要讓醫生診斷一下，提出治療意見。治療可能包括藥物指導、營養諮詢和其他支持服務。

明智的運動

你知道，促使你自信的最好辦法之一就是保持良好體型。運動不僅有助於你的自信，還有助於振作你的情緒。

保持身材不需要把自己泡在健身房裡搞得筋疲力盡，但是你需要活動。比起走路，搭便車回家當然更省力，回到家往電視機前一坐！這樣不好，你應該增加日常生活中的活動機會。

身體受益

運動對你的身體有許多好處，它幫助你：

- 保持身材苗條。
- 保持肌肉結實。
- 增加身體的靈活敏捷。
- 增加力量和能量。

自然的快感

已經證實，運動會讓你產生自然的愉快和興奮。實際上，運動就像吸毒一樣會上癮，如果你養成了運動的習慣，那麼，當你停下來時，你會像戒毒一樣有不適反應。所以，當你情緒低落時，可能你唯一想做的事就是運動，運動可以幫助你擺脫沮喪情緒，減少你的焦慮，讓你從怒氣沖沖中冷靜下來。它還能改善你的注意力。──所以，別覺得你太忙於學習，沒有空運動。

女孩子的動力

做大運動量運動、經常運動的女孩子會有以下這些特點：

- 更少壓力。
- 更有活力。
- 更有趣。
- 更自信。
- 在學校表現更好。

怎麼做？

你不必一週五天到健身房去做大運動量的運動，但是，你應該一週至少運動三次，每次不少於二十分鐘。（據專家們說，一天運動三次，每次十分鐘，效果要比一天運動一次，一次三十分鐘好。）你盡可能運動得頻繁一點——關鍵在於堅持，堅持下來你就會喜歡上運動。花點時間考慮哪一種的運動比較吸引你：

- 你喜歡和別人一起運動還是一個人？
- 你喜歡團隊運動嗎？
- 你願意隨便運動運動而不想有個固定時間？

不管是網球、籃球還是游泳，選一種你喜歡的運動方式，你更有可能堅持住。如果你想遇見一些新的人，交一些新朋友，那麼參加團隊運動也許會提高你的積極性。但是，如果你不想老是做一種運動，那就組織你的朋友們到公園扔飛鏢、踢足球，或者到海邊打手球、排球比賽。

日常活動

日常生活中也有很多事可以做，來增加你的活動量。記住，積少成多。（這並不意味著不用遙控器，而要起床走到電視機前去換頻道。）還有，選擇你可能堅持下去的事情做。比如，如果你是一個早上賴床不起的人，你可能不願意爬起來去晨

跑。所以，當你發現自己天天把鬧鐘關了又爬回床上睡覺，而不能開始晨練，那就選擇下午放學後運動吧。

運動不必是精心組織或者代價昂貴的。你可以：

- 盡可能走路——可能下公車以後到你家還有幾站路，你可以走回去。
- 跟爸爸或媽媽散散步（也許還可以跟他們交流交流）。
- 遛狗。
- 慢跑。
- 游泳。
- 騎車。
- 跳舞。

明智的運動

運動的全部目的就是照料你自己。記住：

- 運動之前先熱身，讓血液流進肌肉，使你更靈活。
- 喝有益健康的果汁和蔬菜汁（比如柳橙和胡蘿蔔），增加你的能量。
- 不要活動太劇烈。
- 如果感到疼痛，快停下來。

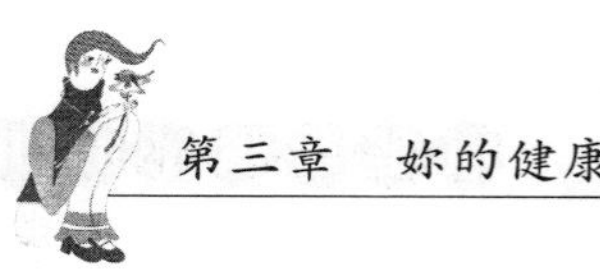

‧如果受傷了，趕緊停止運動，在拉傷或扭傷的地方敷上冰袋（永遠別用熱的）。

‧假如你不舒服或者發燒，不要做大運動量的鍛鍊。

‧如果天氣很熱，尤其濕熱天氣，不要做劇烈運動。

‧如果流汗很多，要補充鹽分。

‧大量喝水。

‧運動後如果感到肌肉酸痛，洗個溫水澡。

‧一定要吃好吃飽，讓自己有足夠的能量。

‧如果你運動過度以至停經，去看醫生。

‧穿棉布料的衣服，透氣，比合成材料更容易吸汗。

‧大量運動後要好好休息。

嗨，現在你的身體也許勻稱適度了，但是，如果你不養成照料它的習慣，那它可不會永遠保

我在運動，媽媽—我在敲打無線電波，做頻道衝浪…

持下去的哦！

小心運動過度

就像一些女孩子過度害怕長胖而不好好吃飯一樣，有些女孩認為如果她們不一直鍛鍊，她們結實的肌肉就會萎縮，又回到鬆弛狀態。

運動對你有好處，一些女孩做得不夠，而還有一些做得過火了，因為她們擔心她們的體型。如果有如下情況，說明你的運動已經走向誤區：

- 不管什麼天氣都堅持跑步。
- 即使感冒還做大運動量鍛鍊。
- 拒絕了一個很棒的小夥子的約會，因為你得去健身房。
- 因為你忍不住還要跑十五圈，於是把你最好的朋友晾在一邊。
- 如果哪天你不得不錯過運動就感到惶恐不安。
- 運動那麼多以至於經期變得不規律。

焦慮

考試令人生畏，你知道你考得不會比上學期好——你父母會殺了你。你覺得你

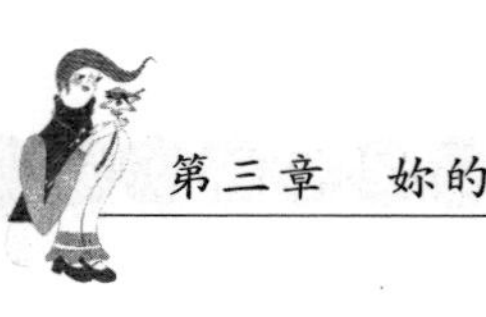

傷了最好的朋友的感情。你沒有照著學校的規矩——沒有人約束你。哦，如果這些還不夠，還有，當你離開學校時你不知道你想幹什麼。

焦慮這東西很正常，尤其你的盤子裡盛滿食物，或者你在壓力之下——比如你得在學校有好成績。有些人陷入煩惱之中，成天找事來擔心——或者就是擔心著擔心！

顯然女孩子的煩惱要比男孩子多。我們對人際關係比男孩子煩惱得多。哪個喜歡我們，哪個不喜歡我們，我們可能為此擔心。而男孩子呢，他們總是操心他們踢進幾個球。

明智的擔心

顯然擔心有它的適宜之處。如果你不在一定程度上擔心考試，那你可能不會學習。但是另一方面，考試前整晚整晚熬夜、擔心，對你毫無幫助。

積極的擔心能促使你去做些什麼，而消極的擔心，如驚慌失措，不會讓你取得好成績，只會讓你整個人運轉失靈。關鍵在於不要緊張那些你不能夠改變或達成的事情。

未來或過去？

學會生活在此時此地。嗨，就是當下！比如，以下擔心毫無意義：

・過去所發生的——對此，你現在幾乎沒有什麼可以做的。
・未來所要發生的——你擔心的一些事永遠也不會發生。
・「如果什麼什麼」——它們只存在於你的腦子裡。

別再拖延

有時你可能把一些事往後拖，因為你不想做。要麼簡單地說聲「抱歉」，要麼開始著手這項龐大的任務，反正你不要拖下去，因為這會讓你感到不舒服。你拖得越久，它侵蝕你的心越久。把它解決掉，這樣，你就少一件要煩惱擔心的事。

首先要做的

如果你感到你快要被一大堆必須做的事壓倒了，你就把所有的事列個清單，按重要程度編號。比如，你覺得你傷害了一個朋友的感情，你要對他／她說聲對不起，可以把這件事放在首位，而做家庭作業可能比你塗指甲油重要吧。

變得無憂無慮

這裡有幾個貼身小手冊可能有助於消除煩惱：

・跟一個朋友談談，有時把你的問題告訴別人是一種緩解。
・把它寫在日記裡，有助於解決憂慮。
・運動——可以很好地清理頭腦。

- 試試冥想。
- 試試把那些你無能為力的事情拋諸腦後。
- 打電話給求助熱線——這對於解決那些你以前從未碰到過的問題是個辦法。

冥想

找個安靜的地方，坐在舒服的椅子上，或者躺在地板上，閉上眼睛。從你的腳趾開始，去感覺它，身體的每個部分都放鬆。從腳趾到腳到膝蓋到大腿……等到了頭頂，就徹底放鬆，以你最喜歡的姿態坐或躺著。

容光煥發

對付焦慮和緊張的最好辦法之一是學會笑。如果你能看到事情有趣的一面，你的問題就有希望解決了，因為它們好像不是那麼嚴重了。每天你周圍都有許多瘋狂的事情發生，就在你感到陰沉黯淡的時候，你沒有注意到它們。可能你需要活動活動。試試和全家或朋友看一些喜劇片，找回放聲大笑的習慣。

別驚慌

你可以透過練習瑜珈或太極功夫使你繃緊的頭腦放鬆，這些練習可以使身心平衡。你可以從報紙的廣告上或社區公告欄裡發現此類的班。或者你可以從書上或錄影帶上學。別忘了利用你們當地的圖書館。

減壓法

簡化你的生活——這樣說說很容易，但沒有人能揮舞魔杖把那些煩心事趕走，比如考試。你會遇到一連串「緊張局勢」：跟一個朋友吵架；你的狗死了；學校的主要評定要下來了——你可能很快變成一個籃子！裝滿那些評語！

許多改變或壓力都可能影響你的身心，甚至它們有時就發生在你身上。有時你感受到壓力是因為家庭其他成員的事，比如你的父親或母親失業了。對於一個家庭來說，遭受來自如下事情的壓力是很正常的：

- 你的父母老是吵架。
- 你的父母分居或離異。
- 你的祖父母、父母或兄弟姐妹之一患重病或者死亡。
- 你的父親或母親再婚。

嘲笑壓力的錯誤方法

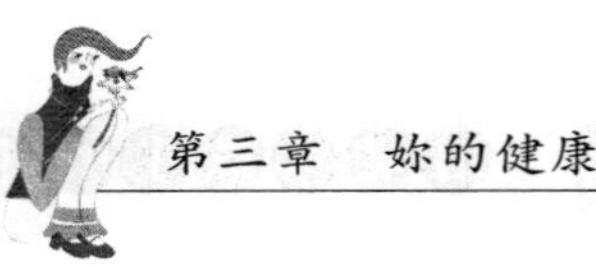

•你的繼父或者繼母帶來兄弟姐妹。
•你們家從這個縣搬到那個縣。
•你換學校。

壓力跡象

我們對壓力的反應是不同的，有情感的，有身體的跡象，你可以學會辨認，這樣你才知道什麼時候該好好照料自己了。一些人：

•頭痛。
•出皮疹或蕁痲疹。
•咬緊牙關，攥緊拳頭。
•感到噁心。
•腹瀉。
•變得健忘。
•胃裡好像扭成節一樣痛。
•疲倦。
•肩頸緊張。
•睡不著。

- 容易生氣。
- 哭。

感情激動

儘管你不能控制周圍發生的事情，但是你可以學著控制你的感情，控制你對它的處理方式。不要認為你有太多的事要做，你應付不了，試著找一個更積極的解決辦法，計畫一下你怎樣克服這些「挑戰」。如果你藉由足夠的運動、良好的飲食、娛樂和休息關照了自己的健康，你還會感到，對你身上發生的事，你可以更好地控制。

運動

運動會使你心跳加速，體內的氧氣流動，振奮精神的內腓肽（腦子裡的化學物質）「爆發」。任何劇烈活動都會導致這樣的反應。運動前先熱身五分鐘，到你呼吸比較劇烈又不到大口吸氣的程度。然後做一些伸展運動冷卻下來。

運動最好的時間是在早上，因為它使你接下來的一天更有精神和能量。傍晚運動也可以，但是記住，上床睡覺以前（不少於兩個小時以前）一定不要大量運動，因為可能會讓你睡不著覺。

好燃料

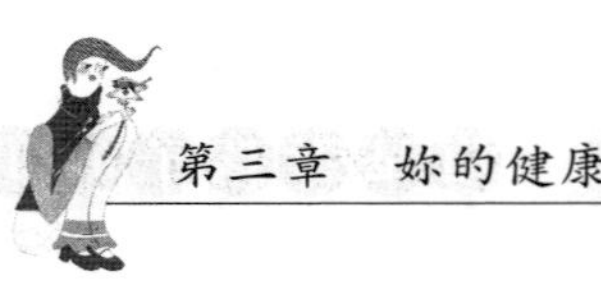

當你感到壓力時，你很可能想吃東西，吃那些對你不好的食物，如那些「垃圾」食品。健康的食品會緩解你胃的壓力，一整天的合理飲食有助於改善你的情緒。專家（和你母親！）說早餐是一日幾餐中最重要的，千真萬確。就像用燃料填滿油箱一樣，你也要給你的身體均衡的飲食，可以是穀物、帶天然花生奶油的全麥吐司、一杯牛奶和一些水果。

複雜的碳水化合物如麵食和全麥麵包釋放一種可以鎮靜大腦的化學物質，所以有助於你的冷靜。

當你感到情緒低落的時候，試試吃一些好的、有益健康的食物是有幫助的。比如湯、吐司夾水煮荷包蛋和一些令人舒暢的藥草茶。睡前不要吃東西了，因為當你身體放鬆下來的時候，你的消化系統也要休息，不想那麼賣力地工作了。還有，別吃辛辣的食物，否則可能讓你睡不著。

頸肩放鬆

頸和肩是最容易感到緊張的部位。這裡有一套簡單的運動幫助你緩解緊張。

壓力導致的失眠

你身體的所有細胞每天需要補充休息和睡眠，我們一天大約需要八個小時的休息和睡眠給身體充電。壓力的一般症狀就是睡不著，或者失眠。偶爾一個晚上睡不

1.垂頭向胸，數到
四，回復原位。

2.頭向左轉，眼睛看肩，
數到四，回復原位。

3.頭儘量向後仰（以舒服爲
度），數到四，回復原位。

4.頭向右轉，眼睛
看肩，數到四。

5.回復原位，數到四。

6.從前到左，到後，到右晃動
腦袋，然後逆向晃回來。

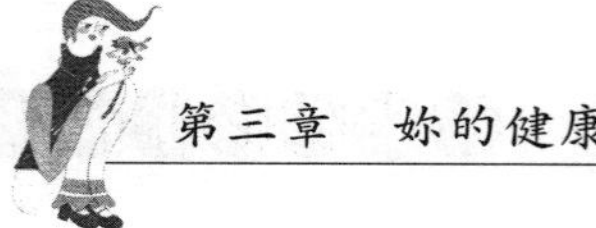

好不是問題，但是如果你一晚又一晚睡不著，那麼最好檢查一下你的睡眠習慣。上床之前不要吃東西和運動，試試以下步驟也許可以幫你放鬆：

- 睡前喝一杯熱牛奶或春黃菊茶。
- 暖暖的（不要熱）芳香浴療法：滴四滴墨角蘭、鼠尾草、檸檬或者檀香木的香精油。
- 看點雜誌或書（別看那些情節曲折緊張刺激的！）。
- 每天做點運動，有助於身體疲勞。
- 確保臥室溫度適宜，不要亂七八糟都是東西。儘量空氣新鮮、室內涼爽、床鋪溫暖——人們經常睡覺的時候喜歡把床搞得過暖。
- 穿寬鬆舒適的睡衣。

放鬆運動

做做放鬆運動有助於睡眠：

- 一點一點地往上想你的身體的每個部分，有意識地放鬆——從腳趾開始，往上一直到臉部。
- 呼吸放慢，做一個深長的呼吸，呼氣時間是你正常呼氣時間的兩倍。

放鬆

有許多種運動形式可以幫助你身心放鬆，如瑜珈、太極、氣功。假如你找不到可以參加的班，可以利用書和錄影帶自學。

・試著清空你的頭腦——這確實說比做容易。如果你發現想像黑色天鵝絨太難，那還是用數羊的老辦法吧。

應付不了

到底怎麼回事呢？為什麼這麼煩呢？有時候所有事情都一起來了，你唯一想做的事就是逃避。但是無處可去。你恨學校，家裡也不舒服，你沒有朋友，你覺得你好像是多餘的。

幾乎我們大家都會有情緒低落的時候，這通常是對我們生活中壓力狀態或事件的反應。情緒低落也可能是服藥的副作用，或者荷爾蒙變化（如經前反應），或者生病（比如感冒）。儘管那些症狀可能讓你感到很嚴重，但是一般不需要治療，會隨著時間的過去而過去。但是，情緒低落和徹底的抑鬱是有區別的。

抑鬱是一種嚴重的狀況，可能導致人的身心不能正常運轉，甚至自殺。它在任何年齡都是危險的，甚至在童年。如果你正處於抑鬱之中，那麼除了情緒低落，你還會經歷以下症狀，包括：

・對日常活動沒興趣

- 極度疲勞
- 有犯罪感
- 感到無助
- 睡眠有困難
- 哭
- 頭痛
- 胃痛
- 眩暈和噁心
- 不跟朋友和家人在一起
- 體重減輕
- 吸毒或酗酒
- 學習成績下降
- 難以集中精神

抑鬱的真正原因還不知道，但是當前研究者們認為可能跟大腦中調節情緒的天然化學物質有關。或者，也可能大部分取決於遺傳因素。

獲得幫助

儘管很普遍，抑鬱症還是經常被忽略，得不到治療。如果絕望得不到及時的、合適的方法治療，很可能有生命危險，因為遭受抑鬱折磨的人有可能自殺。

你如果拿你的抑鬱症狀去向醫生諮詢，那一定要說清楚到底是什麼情形，別因為你應付不了而覺得不好意思或者有犯罪感。遭受抑鬱的折磨沒有什麼可羞恥的，它是你體內的一種化學反應，也是你對你的世界裡所發生的事情的合理反應。如果你發現醫生推薦的療法不起作用，那要告訴他／她。如果你感到你的醫生沒有同情心，你可以換個醫生。對於症狀嚴重的，你的醫生可能會讓你找心理醫生做做診斷和治療。

治療

抑鬱症通常用抗抑鬱藥和心理療法一起來治療。抗抑鬱藥有助於改善體內影響情緒的天然化學物質的不平衡。心理療法幫助你思考所發生的事，學會處理那些問題。

第四章

你身邊的種種關係

最好的朋友

「我不能沒有她。」「她比我更了解我自己。」「我把我曾犯下的不可饒恕的錯誤和羞於啟齒的恐懼都告訴她了，但她愛我如故。」她分享你內心深處的秘密，耐心聆聽你無意義的嘮叨，充滿愛意地嘲笑你瘋狂的舉止，在每一個重要的日子前，她都願意為你把衣櫥翻個底兒朝天。

最好的朋友，她的一通電話就能為我們帶來希望，為我們注入活力，讓我們暫時遠離家人和男朋友的困擾。而你，則完全不用擔心她不了解你或你們的關係將向何處發展。有時，當我們分享同是女兒身的經驗時，我們不僅僅相互聆聽，我們同時也是在了解我們自己。

很難解釋另一個人為什麼會吸引你，而你們的關係也許正像在彈奏相互安慰的合奏。一旦你們被命運聯在一起，是什麼令你們的關係和諧而健康的呢？

我們需要女友們聆聽我們的訴說，了解我們的思想，分享我們的快樂。而聆聽，並不僅僅意味著有人坐在電話的那一頭，你需要——或者說她需要你——仔細地聽，不時問上幾個問題，讓她知道，你了解她目前的處境。當她告訴你她的問題時，她其實並不強求你為她解決什麼，她只是需要一對充滿同情的耳朵而已。

分享歡樂與悲傷

真正的朋友是感情相通的，這意味著理解她的思想和感受，而不是做出諸如「她怎麼會喜歡他？」「她這樣想一定是瘋了」之類的判斷。不是說你的思想必須和她毫釐不差，其實，設身處地為她想想，你就能了解她的處境和觀點。

事實上，女孩們渴望相處的樂趣——或者形影不離的一起逛街，或者為了一部感傷的電影而一同落淚。這和與男孩子相處的樂趣截然不同——面對現實吧，在你周圍，能陪著你繞化妝品櫃檯轉好幾個小時的人並不多。

如何接近？

當然，不是所有的朋友都值得

健康的友誼

良好的友誼關係和良好的戀愛關係一樣，有相同的特質，你能：

- 平安度過那些壞日子。
- 當你發展不同興趣時，朋友依然在你身邊。
- 為對方留出空間，同時做你自己。
- 愉快地在一塊兒大笑。

毫無保留。有人將你最重要的秘密視如草芥，有人在你沮喪脆弱的時候卻利用了你。無論她是有心還是無意，你都可以在適當的時候選擇離她而去。

友情的進展程度取決於你們的距離。如果以你為圓心，你所有的朋友就構成了大小不等的同心圓——最好的離你最近，其次的站在她的外圍，一般的居於最外面。

你無法立即決定誰會成為你最好的朋友，有時，在你明白你們之間的信任和了解有多深之前，你就已經傷痕累累了。隨著時光流逝，朋友之間的關係也有可能改變。比如說，你最好的朋友卻令你失望，於是她便成為不那麼要好的朋友了。

誰是最好的，誰又不是呢？

最好的朋友就像親人一樣特殊。無論什麼時候，你經歷了激動美妙或是黯淡無光的時刻，或者甚至根本什麼都

一味模仿他人的朋友

模仿可能是一種恭維，但一個像鏡中跟自己一樣的朋友卻可能令人發狂。不要對她發火或抱怨，試著幫她找回自我，告訴她她也有美麗之處，重建她的自信。

沒發生，當你拿起話筒時，她總是你第一個想到的人。你們有同樣的思維方式，一句屬於你們的幽默能讓你們會心一笑，有時你什麼都不必說，她也能明白你的心裡所想。她接受完全真實的你，你也執著地信任著她，你會告訴她你的難言之隱和偷偷的心悸。她是如此忠實，你甚至願意為她做任何事（喔，幾乎是任何事）。你們有共同的是非觀和價值觀，對彼此忠誠，不會周旋於其他的人中間。

一個女孩子經常會同時擁有一位以上離最要好的朋友差那麼一點兒的朋友，她們距「最好的」只有一步之遙——僅僅因為她們差那麼一點兒（往往是沒做最傻的事情）。所以你基本上（但不是完全）真心相信她們。你們在一起的時候，往往樂於談論服飾，她們也陪你購物。當你無精打采時，她們也會給你打氣；當你感到前途黯淡時，她們也會為你鼓起夢想的翅膀。

對女孩子來說，能擁有成百的普通朋友很重要。這種友誼像輕鬆的娛樂一樣，不會讓人感到負累。你們很樂意一塊兒去喝杯咖啡，或者在巴士站上聊兩句，但這種事不會常有——只有當你們剛好同有雅興時。（比如當你發現她有一個很帥的兄弟時。）

分享價值觀

友誼最重要的內核是信任。你渴望你的朋友忠心、誠實、善良。對於女孩子來

說，信任尤其重要，因為她們比男孩子更樂於向對方袒露自己的思想和情感。一般來說，當你傾訴那些不為人知的事情時，你希望對方能確保它們的完好保存。

要彼此信任，你們就必須在什麼是忠誠、什麼是誠實、什麼是善意這種問題上達成一致。那就是為什麼朋友們常在路旁徘徊不已、竊竊私語的原因。透過這種方式，你更能了解她們的世界觀，你也能有更多的機會知道她們為人處世的方式。例如，如果最有可能成為你最好朋友的那個人取消了和你的約會，只因為得到了一位男孩「更好」的邀請，那麼這將是個信號，說明友情在她心目中的地位並不像戀愛那樣重要（或者說她正希望如此）。如果你的朋友總把新認識的朋友看得比你重要，這不僅僅是對你的信號，對她新認識的朋友也同樣如此──看吧，這就是她對待她親密朋友的方式，對你可能也一樣。

你是值得信賴的朋友嗎？

如果你和好朋友聊天，消遣之後感到開心，因而想知道她是否有和你同樣的感受。問你自己以下的問題：

- 當她悲傷時，你是否真的悲傷？當她高興時，你是否真的高興？
- 你是否不假思索地對待你的朋友？
- 你是否全神貫注於自己生活中的瑣碎，而忘了她也有自己的生活。
- 你是否和她比誰更瘦？誰更聰明？誰更受歡迎？
- 你是否嘲笑她的弱點？

誠懇的行為

正如談戀愛一樣，友誼中的小問題會很快惡化。如果你們坐以待斃、不主動出擊的話。有時如果採取合適的方式，女孩們在背後「吹風」也能解決問題。但最好還是坦誠相見，最成功的友誼是那種：當你不能迴避爭端時，你可以說：「我受到了傷害。」或者「我很遺憾。」記住一定要溫和，不要責罵她存心傷害你或她犯了彌天大罪。也許你需要稍微平靜一下，然後說：「我不想我們的友誼因此而結束，但我想我們都最好先冷靜下來。」

當然，你們誰也無須過分「誠實」。朋友們喜歡聽你的觀點，但不需要你告訴她們應該如何去做——她們從父母和老師那兒得到的教誨已經夠多了。難道你不覺得自己解決問題比被別人施捨更快樂嗎？

甚至有時候你絕對不能對你的朋友完全誠實，特別是當你的誠實會傷害到她的時候。比如，她完全被某種東西所左右了，或是再一次掉入某人的愛情泥沼之中了。她其實並不需要你告訴她——她自己也知道應該怎麼做。

枯萎的友誼

你的改變和成長會使你覺得你的朋友在改變和成長。幾乎不可避免地，你開始疏遠你最好的朋友去尋找另一片天空，你們不再像以前那樣形影不離。大多數友誼都是這樣消解於無形的，而不是在大吵大鬧後死去。

當你們中的一個有了男朋友而另一個人孤身一人時，友誼最大的考驗宣告來臨。要應付那些明爭暗鬥、羨慕和嫉妒很難，但如果你讓她知道你的感受而不是逐漸疏遠、回以粗暴的話，那事情就容易多了。有一條不成文的規定是：不要阻礙你的好朋友的戀愛。如果你企圖讓她在你和男朋友之間做個抉擇，那你就已經首先輸了大半。

其實，很容易讓你的女朋友們永遠在你身邊，只需要將她們珍藏在你心中，當你召喚時，她們就會出現。不管她們是一生的知己，還是數週的同事，想想她們對你有多麼重要，然後用最恰如其分的關懷和最無微不至的照顧，好好地對待她們。

最好的朋友或最壞的敵人

你心情沮喪時，需要一點溫暖和了解；你形隻影單時，需要有人和你一起啜飲生活的苦樂。你幾乎沒有猶豫就撥通了她的電話。雖然有時，你的手指觸到鍵盤時，你感到心裡有一個解不開的結。

多少次，你放下電話，卻感到心情比談話開始時更糟糕了？到底怎麼了？是什

麼地方出了錯？

過分擔憂

或許她是出於好意，卻把事情搞砸了。一些朋友竭力讓自己同情你的遭遇，但過多的「你真倒楣」、「你確信自己是對的嗎？」這種問題，會讓你覺得發生的事比預想的更糟糕。你盡力掙扎想擺脫煩惱的束縛，但別人對你的過分關心反而讓你重回樊籠；有時，你覺得你有足夠的信心重新振作，但這樣的朋友卻讓你對一切感到迷茫。

並不是你不需要了解和同情，而是你不想認為自己身處絕境。你想遠離你的朋友帶給你的沮喪，試著獨立解決問題，而不是失去力量。

是她的問題還是你的？

要搞清楚這種感受到底是你自己的，還是她帶給你的，並不是件容易的事情。人們常常把自己的問題「轉嫁」到他們最親近的人身上。你的朋友可能正為她的體重、她的相貌或她愛的人不愛她而擔憂。我們自己的擔憂已經夠多了，而你還需要再背起你朋友的負擔。

有時，你打電話給她只因為你需要有人聽你訴說，但到了最後，你卻發現解決了她所有的問題而不是你自己的。真正的朋友，你需要有人傾聽時而她正在傾聽。

誰勝利了？

友好的夥伴關係中有時潛藏著競爭和妒忌，你最初吸引朋友的特質——比如像小貓一樣甜蜜的微笑，或突如其來的妙語——現在也許卻成了令她瘋狂的原因。也許你不明白為什麼她突然對你出言不敬，想想你們倆同時看上一個男孩時的情景吧！

朋友應該是忠實的、值得信任的、真誠的——值得你分享所有的秘密——所以，如果你感到難受或不安，那最好還是保持一定距離。她不是那個值得你把心掏出來的女孩。

> **問題的另一面**
>
> 當你將你接觸的女孩們分類時，想想你是否是她們假想中的敵人。將你自己置身於一群鬼鬼祟祟的人中間——你和她們能真的成為真心朋友嗎？

永遠是失敗者？

任何人都會遇上挫折。在一個星期之內，你可能和男朋友分手，處於家庭風暴的中心，然後還染上了感冒。這些問題帶給你的傷害難以平復，以至於一些「朋友」可能決定永遠將你歸入「避之猶恐不及」的那一類。小心了，如果你經常以一種受害者或倒楣蛋的形象出現，會使你自己的形象受損，一段時間後，連你自己都會相信自己是個徹頭徹尾的失敗者了。

控制任性

一些朋友只有當她們坐在「司機」的座位上並告訴你下一步該怎麼做時才是「好」朋友。她們將你死死地扣在乘客的位子上，你永遠不被允許去掌握方向。麻煩在於，她們的建議往往是她們想做的，而不是你應該做的。

她們決定你們在哪裡見面，甚至決定你們一起吃什麼。當你發現她們不接受你的自我和你的自我空間時，你不可避免地會對她們心生怨恨。

這一切是如何發生的？

發現友誼出現裂痕可能需要很長一段時間，感情、共同的過去和習慣交織在一起，讓你很難坐下來將一切想清楚。

我們傾向於讓友情自然而然地發生，並存在。有時我們也習慣於忍受那些難受和糟糕的心情，甚至寧願視而不見而不去承認它們是問題。我們一次又一次地解剖、分析我們與男孩子之間的關係，但我們幾乎從未對我們和女孩子之間的關係如此關心。

該做些什麼？

如果你發現不能從你最好的朋友那裡得到你渴望得到，以及需要得到的，那麼，你就告訴她，這也許是你所做過的最難的事情，但也許是你留住朋友的唯一方法。

作為小姑娘，我們被教育要盡力使每一個人高興，因此我們常常忘了什麼是自己。照顧你自己和對他人不友好很容易被混為一談——我們常常認為只要站在自己的立場上，緊盯著自己的需要，就會對他人構成傷害。

談論問題有可能會對你的友誼造成傷害，但事實上你們的友誼已經處於危險的邊緣了。嘗試著改變，你才有機會為你們的友情培土，促使你們的友情成長。有可能情況沒有絲毫好轉——無論你的心願有多好——那麼，為了你自己的幸福，對自己說「夠了」，然後離開的時間到了。

讓友誼白白地東流而去是心口的創傷，但是改變是值得鼓勵的。正確看待這個問題，結束，有時只是為了更好地開始。一段時間內你還會想起那些你們一起走過的好時光，你仍會感到悲傷。

十大信號

以下情況發生時，你能分辨友誼已經惡化了：

- 你和朋友分手後，心情很糟糕。
- 你向她訴說前感到害怕。
- 你們在合作中並不平等。
- 你被置身於不適當的位置。
- 她想將你變成她想的人，而不是接受全部的你。
- 你認為你們在同一團體中，並且意識到她在和你競爭。
- 你樂於攻擊她。
- 她把你的改變當作問題。
- 你們的友誼被不忠所威脅。
- 給她打電話成了你生活中不得不做的事情。

你可能甚至有罪惡感，因為你沒讓事態自由發展。但是，提醒你自己：你不能選擇家庭，但你可以選擇朋友。隨著時間流逝，你將發現，擁有一個你喜歡的女朋友會讓你重新找回快樂。

最好的朋友離開了

她是你和男朋友分手後的依靠，但現在是你和她鬧翻了，你又將求助於誰呢？誰會看著你的眼淚落入冰淇淋中？誰又會陪著你一遍又一遍地唱那支老歌呢？

朋友的背叛

她和你的敵人聊天，和你無法忍受的人湊在一起。她曾說過她不喜歡她們，可是現在她卻是她們之中的一員，你感到徹底地被她欺騙了，你甚至不想再和她說話。

看起來也許不太可能，但你最好盡力去找出事情的根源。或許這只是一個誤會，比如說或許她只是想換個環境、換種方式生活。

人群中的戰爭

人群之中，你會覺得你像在爬梯子，上上下下。你離開了一位舊朋友，進入了新的朋友圈。如果你迫於壓力，粗暴地對待你的舊朋友，這時你應該捫心自問：我的新朋友到底都是些什麼樣的人？但或許比起一位朋友來說，你現在更樂於和這些人待在一起——那將是個很艱難的選擇。要記住，友誼也需要靈活處理。

針鋒相對

似乎在一夜之間，你開始懷疑你所說所做的一切是不是一個錯誤。最初是你們之間的不同吸引了你——你喜歡她善待眾人的方式，而現在你卻認為她太做作了；也許她當初欣賞你的文靜，但現在她卻認為你不夠積極主動。

相異不是問題，除非你們企圖改變對方。如果你們之中的一個感覺被友情所壓抑，那不和的火花就已經被點燃了。

不同的道路

你們曾經形影不離，但現在你們卻意見不一。她希望出去旅行，並尋找新的浪漫，而你卻寧願待在家裡。最好的辦法是，做各自喜歡做的事，並為對方留出空間。朋友們不會永遠在一起，也不會有完全相同的興趣愛好。這並不意味著你們不

你們有多親密？

你們是最好的死黨嗎？你了解你最好的朋友有多少？她的夢中情人是誰？她最喜歡的電視節目是什麼？她的鞋子的尺碼？她討厭什麼食物？她憎惡哪位老師？她最崇拜的名人是誰？她用什麼牌子的香水？

再是死黨了。享受你們共同的愛好，或展望你們即將一起度過的美好時光，這都是很美的事情。

也許你們因為興趣轉移而相互分離。前一分鐘你們還親親熱熱，下一分鐘也許就不一定了。

> **說壞話？　不要這樣做！**
>
> 和朋友分手，心情很不好，這是自然的事，但你絕不能說你的朋友的壞話？那樣只會讓人們相信，你根本不是一個值得信賴的朋友。

被拋棄

通常情況下，被女友拋棄會比被男朋友拋棄更令人心痛。和男朋友分手是戀愛史的一部分，但和好朋友分手則是你始料不及的了。你們的關係中摻入了大量的異質。她知道你所有的秘密，她見識過你最糟的一面。

為了救你自己：

・不要把友誼破裂當成是你一個人的事——這不僅僅影響到了你，事實上你們兩個人都牽涉其中。

・說說容易做到難，但是面對現實吧——重新贏回她不會有任何作用。

・關注你周圍的人，尋找新朋友。

・用你多出來的時間努力工作，每天學習新東西。

拋棄對方

記住友情是一種選擇，你有權決定你的去留。當你確定你們之間的關係不可能好轉時，以下的方法可以減少你們的相互傷害。

- 循序漸進，逐漸減少和她相處的時間。
- 不要每晚給她打電話，每兩天打一次。
- 如果她問起，誠實的告訴她你需要獨處。
- 不要說她做錯了什麼，僅僅告訴她你的感受。

當愛情來臨

一些女孩總是被男生包圍，其秘密在於她們知道該如何玩這場名為戀愛的遊戲。

找他說話

聽起來這事誰都明白，但事實上許多女孩甚至不敢在她們喜歡的人面前微笑，或是單獨和他說話。誰知道？或許他也正暗暗喜歡著你呢。而且，一旦你退縮，別的女孩可就抓住機會了。

只需要一句「Hi」就能開始談話。稍微計畫一下接下來要說的話也許是個好辦法——以防他僅僅回敬一句「Hi」，你也不希望一切都在五秒鐘之內結束吧？（至少那將是一次令人心痛的打擊。）從共同的朋友那裡打聽他喜歡什麼，然後問他的籃球賽怎麼樣了，或者他是否看了一場特別的電影——但一定要確信它適合男孩子們看而不是女孩子們的玩意兒。

做你自己

如果你假裝成別人，那人們怎麼能了解你呢？當他發現你真實的樣子並不如他所見時，又會發生些什麼呢？相信你的生活已經夠多姿多彩的了，你不需要再用角色來裝飾你自己——一個只有在白天出門才會戴上的面具。

「他是不是愛我」或是「他是不是會離開我」這確實是個問題，但是如果他無法把握真正的你，那麼這段感情將前景無望。當你對自己充滿自信時，你是開朗而輕鬆的，這樣你就會對別人更具有吸引力。

嘗試

小小地賣一下俏或約對你感興趣的男孩出來並沒有什麼錯——如果男孩不必約女孩出來，那他們將長長地吐出一口氣。只要你不是過於強硬就沒問題。事實上，當你這麼做時，你夠勇敢，有勇氣面對危險，因為你知道即使他說「不」，地球也

不會停止轉動。

對男孩圍追堵截或過早宣佈還處於地下狀態的愛情都不好，這樣做過於熱情，讓人沉重。放鬆你自己，觀察他的表情，看看你是否能得到一個肯定的答覆。你們可以去看電影，可以去海灘漫步——做任何兩位朋友所能做的事。如果他說「是」，那你就成功了一半；如果他說「不」，在你恢復之前，你肯定會感到難忍的刺痛。

放慢腳步

如果在兩次約會後，他已經完全占據了你的心。我想你是過於迅速了。萬一第三次約會時，你開始發現自己已是迷上了一個傻瓜怎麼辦？時間越長越能讓你們相互了解，而且，如果他認為你是想更進一步的話，你有可能會嚇著他——那可不是你所希望的。

不要因為想得到他而取消你所有的計畫，按照你和朋友、家人的約定去做事，別生怕他知道你過得充實而快樂。這樣的方式更有趣——無論對你還是對他——如果你是個獨立而不依賴的女孩。

從男性朋友到男朋友

你們常常相互串門打遊戲機，你們分享CD和秘密。他也許是你最好的男性朋友，但有一個秘密你卻深藏心中不告訴他。你感到自己不再僅僅把他當成普通朋友，所以，當你愛上你的死黨時，該怎麼辦？

好朋友

和某些男孩在一起時，你感到他們是如此地吸引你，以至於你立刻手足無措得像個實習生。但是和這個男孩子在一起時，你卻感到無比放鬆。你每天都在學校裡看見他，或許每晚還互通電話。

一切發生得那麼突然，你發現他有很迷人的微笑，他的嘴角略略向上彎，露出一對迷人的酒窩。於是你的身體裡開始產生奇妙的化學反應，你們的眼睛不僅僅對視而是目光流連。你們的胳膊常常有意無意地碰到對

方，總會「不小心」壓著對方的肩膀，有時頭會碰到一起。

該怎麼做？

好吧，兩個選擇：守口如瓶，或者「無意地」洩漏你的秘密。你可以選擇眼睜睜地看著他追求別的女孩，然後問自己：為什麼一切如此明顯，他卻感受不到？或者去洗個熱水澡——那將帶給你無窮的勇氣。

沒必要提醒你考慮周全——只有你不抱什麼希望時，你才會莽撞魯莽。你毫無疑問地會考慮自己要穿什麼，說什麼，做什麼。如果他說「不」時你該怎麼辦。或者，更重要的是，如果他同意了，下一秒鐘你們之間將如何改變？你都準備好了嗎？

所以，你該怎樣做呢？根據自己是何種類型的女孩，你可以：

- 直截了當地告訴他「我喜歡你」。
- 給他一點暗示，或者試探一下他對婚姻和愛情的看法。注意他的臉色（變白或發綠可不是什麼好兆頭）。
- 轉過頭去，把你的唇壓在他的嘴上（這可能過於直接了）。

現在怎麼了？

愛情小便條

為何不給他寫一張便條呢？如果你沒有勇氣面對他的話。這是表示你好感的既直接又簡單的方式。如果你們兩人都有意，那你就邁出了最關鍵的一步。

他仍然像以前一樣不修邊幅，仍然像以前一樣讓你感到輕鬆。但你卻無法讓自己習慣於目前的狀況。放鬆一些，時間會讓你們之間的關係逐漸穩定下來。

從夥伴到戀人不是一件容易的事，雖然你們已經每天通電話，每天在學校見面，但一旦成為戀人，一切都會不同了。為了讓這種轉變少一些崎嶇：

- 給對方一些時間去面對現實。
- 如果第二天他沒打電話給你，不必驚慌；如果你不想給他電話，也不必負疚。
- 讓這種關係慢慢推進，正如你們的友誼一樣。
- 依然關心其他的朋友和你的家人——別因為有了男朋友就忘了他們。

有時當你和一個男孩的關係開始出現不尋常的徵兆時，你可能會發現他特意和你保持距離，甚至對你有一點刻薄。這很可能是他不知如何處理他的感情，或是覺得推開你比靠近你更容易。

試著讓他知道你的感受，而不是責備他對你態度惡劣。你可以說你感到奇怪或很遺憾，並且問他為什麼要這樣對你。如果他並沒意識到自己所做的一切，並為此極力辯解，再給他一次機會吧。但是如果他繼續對你忽冷忽熱，你應該想到，自己也許是在浪費感情，或許保持一定的距離對大家更好。

深深深呼吸

如果他不想陪你玩這場遊戲怎麼辦？別擔心，你不必竭力改變這種難堪的局面。去染你的頭髮，改變造型，讓另一個你出現在他面前。也許，這些尷尬全都不存在，你得讓自己放輕鬆：

・給自己一些時間去恢復。
・如果心情不暢，就不要假裝萬事如意。
・如果你覺得你們的關係無法回到從前，那是因為你的感情已經改變了。那就告訴他！
・嗨，至少你嚇了他一大跳。

記住，有時做朋友是更好的選擇。

我希望獨處

當一個男孩心情不好時，他一般希望能夠獨處，如果你對他窮追猛打，那會令他發瘋的。他也許希望自己來處理這件事——或壓根不去管它。

男女不同嗎？

男孩和女孩有很多不同，所以那些關於男女差異的書才會如此受歡迎。一般說來，男孩和女孩的興趣和思維方式都有所不同。例如，男孩子空間感更強，他們喜歡技術性的工作，善於設計三度空間建築；女孩子往往對人們的行為更感興趣，她

們喜歡談論分析與男孩子們的關係。那就是為何女孩子會樂於閱讀充斥於雜誌中的各種建議的原因（這是一般情況，但也許你與眾不同）。

例如，一個男孩向一個女孩打招呼，她可能花好幾個小時跟她的好友談論這聲招呼意味著什麼。她將考慮到他的音調，他看她的樣子和一切與這聲招呼有關的東西，以判斷他到底是對她感興趣還是僅僅向她表示友好。

更可能他向她打招呼只因為她碰巧在那裡，正如他將會向任何一個經過的女孩打招呼一樣。他甚至可能完全忘了有這回事。

女孩們無休止地談論著每一次談話、每一件小事，哪怕最微小的細節，誰穿了什麼，誰說了什麼，他是對她笑了嗎，她是否看起來很瘋？長此以往，你真的會走火入魔的。

戀愛之中

無論是愛情還是友情，女孩都可能會比男孩更緊張。事情對於她們來說可能更複雜——而且緊張。當你有問題時，你總想和別人談論它。而這時男孩可能會認為你是在拿雞毛蒜皮的事向他徵求意見。女孩們談論某件事，只為了表示她們知道，她們真正需要的，只不過是一個積極的傾聽者而已。那意味著你感覺有人在聽你說話並對你說的話做出適當反應，你覺得他們了解你。但是男孩則不同，他們更喜歡離群思考某個問題或觀點，在他們解決之前一般不會說給別人聽。

所以，她需要時間交談而他需要時間思考，女性朋友的地位就尤為重要了。和你的女朋友聊天直到他願意開口說話了，你甚至可以鼓勵他獨處一段時間，告訴他你可以回頭再與他說話，或者建議他在你們倆討論之前先考慮一下這個問題。

正如你們喜歡和男孩們待在一起一樣，女孩們同時還喜歡湊在一起。女孩子希

接吻的藝術

每個人的方式都不同，但聽到男朋友誇你是個接吻高手，難道不令人高興嗎？道森〔一部電影中的主人翁。——譯者注〕的爸爸建議他讓舌尖跳舞，不過，你還可以加上你的嘴唇。

準備接吻時，你要記住：

- 專注於你正在做的——如果他試圖令你神魂顛倒而你卻想著別的事的話，他會感覺到的。
- 溫柔一些——那將令你的吻柔軟而肉感。
- 不要急於深入——緩慢而穩定一些更好。
- 放鬆，跟著感覺走。
- 頑皮一些，和他開個小小的玩笑。

吻他的臉：開始時輕輕的吻他的前額，然後是眼皮、臉頰、鼻子、繞著他的下巴，最後落到他的嘴上。

耳鬢廝磨：放鬆你的唇，吻他的脖子。從前到後，別忘了他的耳朵後面。最後重重地在他的唇上吻下去。

舌尖的語言：用你的舌頭去逗弄他的，微啟你的小口，讓你的舌尖在他的嘴裡繞上一圈，直到他失控。

輕輕撫摸：不僅僅是你的嘴才性感——用你的指尖沿他的臉龐的輪廓而下，緊接著給他一個蜻蜓點水般的吻。

小啃一下：輕輕咬他的耳垂和耳廓，然後是他的上下兩片嘴唇，他會融化在你的吻裡。

望了解彼此的心情和擔憂，一起為電影裡的情節哭泣，為同一件事情大笑不已。男孩子更喜歡談論電腦、足球和汽車。但是男孩和女孩也可以分享共同的經歷、興趣和感受。事實上，他們之間的不同正是保持戀情生動有趣的原因。如果你們的生活完全重合，那還有什麼意思呢？最後，你們要弄清楚，你們會爭論什麼？

眞正的戀情

進展神速，你們現在已經出雙入對了——甚至開始為要看哪部電影而爭吵了。當你們的戀愛關係正全速前進時，你要怎樣做才能保持良好的關係呢？

做你自己

在親密、和諧的關係中，你們兩人都是真實的自己。這意味著你絕不能盲從於他，從他對世界的看法到他對你們兩人行為的選擇。當然，公平地說，你也必須讓他成為自己——讓他的思考和感受也與你不同，而不是和你保持一致。這樣做的好處在於：你們倆可以在一種健康的關係中，保持自我，並發展自我。

在良好的關係中，你也應該可以表達自己的需要和願望。這意味著你們之間開誠佈公，能夠相互接受和容忍。當你為某件事所擾時（比如你的男朋友在你生日那天計畫和一幫哥兒們出去），開誠佈公能令你感到安全和舒適。

你需要平衡和穩定，你既要表現自己的堅強，也要表現自己的脆弱。有時他更需要你，有時你更需要他，一旦這種情況出現了一邊倒，你們之間的關係就很有可能出現裂痕。

> **我自己**
>
> 愛情需要平衡，如果他只在乎自己的感受和興趣，而你對自己的感受和興趣絲毫不介意，那是不正常的，或許開始和他在一起時感覺很好，所以你根本沒有注意到自己的需要。如果你再不給自己一些空間的話，你就快變成怨婦了。

保持自尊

許多女孩因為戀愛而充實，她們希望她們的戀人能尊重她們——但是，你是否能讓別人尊重你，這不是別人說了算的。如果你僅僅希望你的男朋友——以及你們的關係——沒有風雨，其他什麼都可以不在乎，那你不可能時刻充滿自信。

如果你只想得到他的讚賞，那麼你正在逐漸忘記自己是誰。自己想要什麼，他也會為同樣的問題而感到困惑。或許，某一天他會想：「我在幹什麼？她並不是我想像中的那樣。」有句話說得好，「欲得人，先得己。」聽起來似乎有點費解，但卻是真理。

日益靠近

靠近並不代表同一，而是你們各自不同，但感情深厚。如果你刻意想讓你們焦不離孟、秤不離砣，結果恰恰會背道而馳。比如說，如果你抱怨你的男朋友不再愛你了，他可能就真的會離你越來越遠。真正水乳交融的關係不是你追求就能達到的，它需要你時刻保持自己的獨立、自信和自我。

偶爾爭吵

無法自拔並不意味著如膠似漆，良好的關係能夠共經風雨，並總能看見彩虹。雖然你和你的男朋友在原則問題和基本興趣上保持一致，但仍然常常小打小鬧，你們觀點上的差別有時甚至像火藥點燃了，你不用太擔心，偶爾吵架是無傷大雅的。

一定距離

你知道你和你的男朋友過分親近，以至於你們中間似乎有了一顆定時炸彈。你們需要保持一定距離。當一切開始緊張起來的時候，或許小小的爭吵能使你們重新認識你們的關係。你和他之間也同樣如此——我並不是說你們要一時好，一時惱。而是說，適當的距離能讓你保持清醒，並促使你思考這種關係是否是你真正想要的。

距離並不意味著冷漠，而是說你得收回你氾濫的感情。也許你們一天不見面，緊張的局面就能緩解。

過分親密會使你們失去自我，兩人之間沒有了距離，也就無所謂個體。

誰是罪魁禍首？

如果我們都知道愛情是如何產生、關係應該怎樣維持，那麼，那些愛情雜誌就都得告老還鄉了。沒人能說他懂得愛情，但是，愛情是否正含苞待放，我們是可以知道的。

你將受人歡迎，如果你：

幽默：能在一起大笑這很重要，尤其是處於困難時期時。如果這種時候你們還能一起發現事情好玩的那一面，那應該恭喜你。

空間：給彼此一個迴旋的餘地，比如讓他和他的朋友去踢球，而你和你的朋友去逛街。你們應該增加生活的寬度，而不是限制生活。

尊重：把你們看作願意走在一起的兩個獨立的個體，不要試圖改變他，或讓他從你的視角看問題。

交流：兩人在一起時總有話好聊——而且很有默契。傾聽也是一種很好的交流方式。

信任：建立起你們之間高度的信任感，相信他會永遠對你不離不棄，正如你會永遠

對他不離不棄一樣。

恢復：能夠在經歷了一場爭吵，或一段真正的冷戰後，兩人還能在一起。這是一項真正的藝術。

平等：平衡的關係是這樣：有時你更需要他，有時他更需要你。

改變：即使你試過以上所有的辦法後，你們仍然相互冷漠，也別輕言決絕。你們還可以繼續做好朋友。

給你自己一些時間去了解愛，去發現你們彼此的位置。這種內在的距離將使你能控制事態的發展。你需要知道怎樣才能讓對方開心和如何照顧對方。

一切都結束了

毫無疑問，你媽媽會不停地在你耳邊嘮叨，「一切都會好起來的。」「天涯何處無芳草。」可是她又怎麼能了解你呢？她甚至沒有真正地戀愛過。就算她愛過，那也已經是很久很久以前的事情了，現在的情況已經完全不一樣了。

被人拋棄

你是真的愛他，但是一切都已經無法挽回了。悲傷像瀑布一樣淹沒了你。你希

望整個世界都毀滅好了，你唯一想做的事情就是蜷在你的床上。沒有了他，世界對你來說還有什麼意義呢？

聽起來蒼白無力，但當悲痛擊倒了你的時候，你必須能夠駕馭它，這很重要。從你的悲傷中出來，然後去細細地感受你的悲傷和痛苦。就像瀑布是無法完全被阻斷的一樣，悲傷也會再次洶湧，但你至少獲得了一些喘息的時間。在這段時間中，循序漸進地提醒你自己，悲傷會少一點的，風暴會小一點的。然後你的那種被瀑布淹沒的感覺就會好一些。這樣下去，你的傷痛會越來越少，直到完全消失。當然，你還需要時間和空間去撫平自己的傷口。

這不是你的錯

當你的男朋友提出分手時，不要把一切都歸咎於自己。可能他只是不想過早地被愛情束縛。原因還可能有：

- 你們太親密了，而他是個極端的獨身主義者。
- 他喜歡獵取，而不喜歡被獵。
- 他想在你說再見之前先下手為強。
- 他希望能在自己的學業和愛好上多花點時間。
- 他需要一些時間去發掘自己的潛能。

・他不夠自信，認為自己配不上你。

恢復情緒

當然，哭乾眼淚也是照顧自己的一種方式。試著寫下你的感受——你將會發現寫作令你輕鬆。用芳香浴、面膜和音樂來充實自己，給女朋友們打電話，邀請她們來看VCD，或者來一次放縱的聚餐？

給自己打氣、結交新朋友、嘗試新鮮事物。做戀愛中你沒空去做的事情，把你的日程用約會安排得滿滿的。

拋棄他？

你是否已經失去了愛的感覺？想想以下的問題：

・你是否願意去做那些讓你們不能肌膚相親的事？比如去看一場電影？
・你是否已經不願再告訴他你的想法和感受了？
・你不再希望他對你喜歡做的事表現出更多的興趣？
・你總和朋友們在一起。
・你認為自己比他更成熟。

讓他去吧

如果他明確提出了暫停見面，別用電話去騷擾他。很明顯，他想要獨處。給他壓力對你們的關係進展無濟於事。

分手根本就不是件糟糕的事，我以後應該記住多來這麼幾次…

離開他

一旦你失去了感覺，你就已經開始動搖了。你們的關係開始慘不忍睹，而他開始令你無法忍受，勇敢地面對這一切吧。想想看，你的新的夢中情人不會對別人的女朋友感興趣的。而且，為一段已經無法再維持的感情所累會令你身心俱疲。

無論是等兩個月還是再等兩年，分手都是一件痛苦的事情。如果你僅僅給他一些暗示，而讓他丈二和尚摸不著頭腦，那對他

含混不清的信號

說清楚比給他一個含混不清的信號要好得多，因為你有可能讓他感到自己還有機會。暫時遠離你們平時的活動場所，當你看見他時，不要和他調情，僅僅保持友好。

來說是不公平的。快刀斬亂麻，並不意味著你要深深地傷害他，以下的方式可以讓你們友好地分手：

- 選擇一個你們能夠單獨相處，且不會被人打擾的時間和地點。
- 確信他有足夠的時間恢復——而不是馬上要參加一個朋友的聚會。
- 告訴他你的感受，而不是把一切都歸咎於他——試試「我不願再做你的女朋友了，我想我們彼此並不適合」，或者是，「我想試著和不同的男生交往」。
- 堅定——搖擺不定是不公平的。如果他真的愛你，你的動搖會使他更加痛苦。

傷口癒合

你知道你已經從失戀的痛苦中恢復過來了，當：

- 你開始注意到別的小夥子有多帥。
- 你把他的電話號碼從常用電話簿中刪去。
- 你不再關心能否見到他。
- 你不再因為他的生日而覺得一切都很特別。

沒有男朋友的日子

當然，出雙入對有無窮的樂趣，但是獨自飛翔也同樣誘惑無窮。看看一個人的日子裡有些什麼樣的甜蜜吧：

1. 盡情和別人調情，而不必有罪惡感。
2. 不用每晚傻傻等待他的電話。
3. 你不必再被叫做某某人的女友。
4. 玩單人的電動遊戲。
5. 不用拖著男朋友去逛街。
6. 隨心所欲地吃洋蔥和咖哩
7. 你的「鐵達尼號」影碟可以從櫥櫃裡拿出來了。
8. 想對他發火就發火，不必擔心他罵你有經前緊張症。
9. 有更多的時間發展自己。
10. 穿高跟鞋不必擔心比他高。
11. 沒有人要「忍受」你「奇怪」的家庭，除了你的女友──但她們了解你的家人。
12. 不用再盡力討好他的家庭。
13. 對每一個微小的機會都保持主動性。
14. 他那些難聞的球鞋和襪子終於可以待在它們應該待的地方了──和他自己在一起。
15. 你不會再被拋棄。
16. 不用總和那些「候補女友」明爭暗鬥。

男孩們呢？

單身對於男孩子來說又有什麼好處呢？

1. 不用再去看那些弱智片。
2. 隨心所欲地崇拜有男子氣概的男人，比如布魯斯‧威利。
3. 和男孩子們出去放縱一夜，而不必事後為此拚命找藉口。
4. 不用記住買情人節卡片。
5. 不用費力地在每一場橄欖球賽中解釋規則。

17. 星期六的午後不用再去看足球賽。
18. 不必假裝足球是你最感興趣的話題。
19. 週末晚上做你自己想做的事情。
20. 自由，而且獨立。
21. 和女孩們出去看一場極「弱智」的電影。
22. 不用為了取悅他而在衣著上煞費苦心。
23. 跟扎人的鬍子揮手說再見。
24. 不用擔心下一步將如何發展。
25. 當你遇上一位很棒的小夥子時，任憑自己跟著感覺走。
26. 相信做一個快樂的單身女孩是一件很有趣的事。

和父母之間的問題

你是否討厭聽到諸如「我閨女怎麼了？」這樣的話，你曾經希望他們注意到你做的每一件事，然而你現在只希望他們消失。他們不僅囉嗦，而且這也不准那也不准。難道他們看不出世界已經變了，你已經可以自己拿主意，做你自己想做的事情了嗎？

給我自己的空間

小時候，父母成天陪在自己身邊，和他們交流是件快樂的事情。但是現在我們要求的是更多的空間，你不僅關上你的臥室門、抓住一切機會和朋友們出去以便和父母保持距離，你甚至不願再告訴父母你生活中哪怕是最微不足道的事情。更有甚者，家庭成員的感情並不像他們對外表現出來的那樣。

不再經常和你的父母交流並不代表你不再愛他們了，雖然他們有可能這樣認為。他們已經習慣於你依賴他們、需要他們，並且被他們所照顧。他們必須花一段時間才能接受讓你獨自行走、開創自己的世界這個事實。從女孩到女人的轉變經常讓他們感到難以接受。

父母們也會感到不安全，因為他們不知道你在想什麼、你想幹什麼。他們會感到自己被遺棄，感到自己在親子關係中是個失敗者。於是，你們的溝通更加減少，如此惡性循環，直到你們誰也不明白你們之間發生了什麼。

父母的工作

有時你的父母關心你的安全，這會使他們看起來很專制。但是，正如你的工作是去探索世界一樣，他們的工作是保護你。你可能會認為他們困住你，僅僅因為這樣能帶給他們奇異的快樂感覺。但其實，這更可能是因為他們想教會你如何照顧自己。他們必須在鼓勵你的同時，保護你。告訴你必須知道的一切，即使那些東西聽起來是這麼的瑣碎。

學會如何照顧自己，無論是在心理上還是在生理上，就像在學一項新技能——你不可能在某天早上醒來，就突然知道了自己應該如何去做。

很可能你的父母是因為關心你的安全，而不厭其煩地打聽你一個人時都做了些什麼。尤其是現在你不願再和他們多相處一會兒，並試圖盡力避免告訴他們你的生活情況。在這種情況下，你不能要求他們對你毫不關心或毫無興趣。

當你獨自外出時，你的父母會關心以下的問題：

- 你要去見誰？
- 你要做什麼？
- 你要去哪裡？
- 你何時回家？
- 你使用何種交通工具？
- 你是否帶了足夠的錢？

許多父母並沒意識到，告訴你什麼該做什麼不該做並不是永遠有用。因為你總會長大並走自己的路。即使他們能禁止你，但他們無法阻止你，因為他們不可能二十四小時在你身邊。但是，如果你照他們說的去做，他們將學會相信你。

他們的位置

問題在於父母們並不是從一開始就具有做父母的素質，他們只能在實踐中逐漸找到正確的方法——這也許是他們最不想讓你知道的。當你聽見諸如「我在你這麼大時就不會這樣做」這種話時，你應該知道，他們其實是希望透過回顧自己的青春歲月，來找到解決問題和保護你的辦法。

但是，他們成長過程中所發生的那些事，和今天你會遇上的完全不同。時代變了，尤其是在關於「性」和「毒品」的話題上——那些你絕不會和他們討論的問題。當然，他們也並不是總有時間聽你講這些。

父母們覺得弄明白哪些「他們的」規則對你有用而哪些無用是件很困難的事情。而如果你是他們最大的孩子或最年長的女兒，這可能會難上加難——父母們總用不同的安全法則來對待他們的兒子和女兒。

他們也會被自己的事務纏身，他們可能正經歷中年期恐慌或生活中的巨變。如婚姻危機、職業危機等。他們可能正對他們身體的老化而焦慮不安。（想想這一切如果都發生在你身上？）

戰線重重

你可能發現這些日子裡你似乎總處於爭吵之中，它們接踵而至——和媽媽、爸爸、姐妹、兄弟甚至家裡的狗。其實，衝突和爭端都是正常的——它們不僅是成長的一部分，也是每一健康關係的本質。如果沒有偶爾的爆發，你只能打掉了牙往肚裡嚥。

有時你也有點過分了——甚至你還沒有意識到自己做了些什麼——一些可能讓你的父母大驚失色的事情。有時，你認為自己在家中沒有發言權，你總是衝出家

門，並摔上房門。

你如何看待

各退一步，同時和父母們保持一段相當的距離，你就可能以一種全新的眼光去審視你的父母——而且你可能並不害怕誠實地告訴他們你所看到的一切。但是，要不被你的判斷所影響需要一些自信心，尤其是當你對他們的缺點做了現場報導時。不斷的批評會使哪怕最自信的成人也灰心喪氣，尤其是在他們工作了一天之後相當疲勞的時候。

對你來說，看起來父母似乎只會說這個該做、那個不該做，他們永遠在你做不該做的事情時

嗨！莎娜？是啊，我爲你的月球旅行團找到一個新成員……一個眞正的宇宙小毛頭……

才出現。他們天天強調，時時強調，以至於你們之間的交流更為困難了。如果他們對你的態度開始好轉，也許你可以趁機宣佈休戰，並開始試著以適度的態度去對待他們。

你的選擇

你不必強求自己做任何事，除非你自己願意。小時候，父母們希望你吃點甘藍，而你緊緊地、緊緊地閉上了自己的嘴巴。你有權不做任何事，但是，其後果可能比你做了更糟糕——比如說從此沒有了甘藍，也沒有了冰淇淋。

當你必須做自己不願意做的事情時，你感覺自己就像一頭被迫推磨的驢。你惱怒、覺得被束縛，而且沒有選擇的自由。你父母曾經強迫你週六晚上在家做功課，而你所有的朋友都去聽音樂會了。做功課不是你的選擇，不讓你去聽音樂會簡直太不公平了。其實，你也知道自己有功課要做——你本可以在週五晚上或週六完成這一切，而把週六晚上的時間留給自己的。

向誰訴說？

如果你需要傾聽者和理解者，你可以相信學校的輔導老師和諮詢熱線。

這太不公平了

你不可能有足夠的好運得到一對完美無缺的父母，事實上，他們經常是很不公平的。也許你已經有了一個蠻橫無理的妹妹，她總是隨心所欲，不顧他人——而你知道這一切是如何造成的。

如果你接受他們不公平的事實，你就可以審視自己的觀點，並對下一步做什麼做出選擇：

- 為你的妹妹買一張去月球的單程機票。
- 離家出走。
- 為此跟父母激戰一場。
- 平靜地和你的父母討論這個問題。
- 向學校輔導老師或電話熱線求助，獲得一些解決問題的建議。

如果你能平靜而清晰地告訴你的父母，妹妹有多麼的蠻不講理、肆意妄為，會比你把一切都憋在心裡要好受得多。有的時候父母急著要去做別的事情，他們會把你的感受當作無足輕重的東西。當然，僅僅袒露自己的感情並不代表事情已有了轉機，它僅僅意味著你做了自己能做的一切——說出自己的觀點（而且你從此不會積怨於心）。

如果不是天天都有，小小的爭端是有益健康的。反正你已經知道他們會說什麼，他們總會認為是你不對。但如果這樣的爭端已經成了家常便飯，你會發現你的生活簡直是刻板而單調。這是個很困難的問題，你一個人無法解決，而你的朋友也愛莫能助，因為他們只會站在你這一邊——那不會對解決問題有任何幫助。反而是很多局外人可能會幫助你看到事態發展的前景，所以你可以嘗試著向學校老師或諮詢熱線求助。

你知道，即使是有最良好意願的父母，也會有做錯的時候。

快樂家庭？

你本應成長得更快，表現得更獨立，但每個人都需要愛與被愛，而愛與被愛使你看起來似乎很依賴於他人。你需要獨自成長，但在你感到世界離你而去時，你仍需要家的港灣。你需要知道，無論你多麼傷痕累累、鬥志全無，家人都能原諒你，並鼓勵你重新振作起來。

不幸的是，這個世界並不由我們在電視上看到的那種快樂家庭組成——可能你的父母也不是在那樣的家庭環境中長大。正視這一切吧，世界上不可能有完美的父母，正如世界上不可能有完美的兒女一樣。有時你會忘記父母其實和你一樣，也有悲傷痛苦、虛弱無力的時候。

並不是每個人都生活在快樂家庭中，一些父母正計畫分手，一些正處於低谷之中，一些失業了或有很嚴重的財務危機，一些過於暴力、荒謬無理。有時你會想，只要能逃開這一切，要你怎麼樣都可以。

問題父母

幾乎每一種文化都要求我們孝敬父母，如果父母對此做出合理的反應，那麼，大家都會愉快。從理論上說，父母有義務保護他們的孩子，然而事實並非全部如此。有些家長並沒有盡家長的義務，或者父母不和，或者他們完全忽視了孩子的存在。為此，很多孩子承受著巨大的生理、心理壓力。

還有一些父母對家庭問題採取迴避政策，以掩蓋家庭關係中的毒瘤。例如，你的媽媽可能飲酒無度而你的爸爸卻對此視而不見，但你知道，生活在一個酗酒的家庭中，一切都像是噩夢。

當你生活在一個你無法得到很好保護的家庭環境中時，你必須比其他的孩子更早知道如何保護自己。同時，也許我們每個人都懂得如何保護我們的身體，但並非每個人都知道應該如何保護我們的情感——也許因為，比起情感上的傷害來，身體上的傷害更易分辨。

尋求幫助

如果你正承受著身體或情感上的傷害，尋求幫助和支持就尤為重要了。無論是

關於性、關於毒品還是關於酒精，或是你感覺自尊已蕩然無存，尋求幫助都是自我保護的第一步。現在有很多特殊問題援助組織，例如有針對酗酒兒童的援助組織。首先，你可以先去找你的醫生、你的輔導老師，或打電話給青少年救助熱線。

誰需要兄弟姐妹？

你們為誰用浴室、誰占著電話不放、看哪個頻道的節目、輪到誰去餵狗這樣的問題而爭吵。當然，有時你們也會相互安慰或者同仇敵愾，但更多的時候，你總覺得你的姐妹或兄弟令你發瘋。

一、二、三，測試

你如何與家人相處正是你實踐如何與世界相處的途徑。在這裡，你可以嘗試到快樂、愛，還有爭鬥。你漸漸長大，你會發現你和兄弟姐妹們一天天走向分離：相聚的時間越來越少，而且相聚的大部分時間裡，你們都在明爭暗鬥。

這也許是因為年少時，你們之間的區別還不那麼明顯。而現在你們之間的感情就像在玩過山車，很多時候你感到困惑、憤怒、被束縛。因此你開始對你們曾經親密的關係大加抨擊。

不僅是你，你的兄弟姐妹也會如此！你們朝夕相處，以至於他們幾乎不費什麼勁就能知道你的弱點。他們知道什麼最能激怒你，他們知道如何擊中你的弱點——什麼時候是你忍受的極限——他們對準你的痛腳狠狠踩下去的時候，才不會心慈手軟呢。他們有能力傷害你，確實他們也是會這樣做的。

面對挑釁

過於親密的關係使兄弟姐妹之間相處愉快的時間事實上並不多。若你們溝通的唯一方式是爭吵、打鬥和相互傷害，那一定是什麼地方出了問題。是時候停火休戰，檢查檢查你們自己了。

也許你們需要聽聽對方的觀點，但請不要尖叫辱罵。如果你使用「我」的陳述，例如「我感到難受，因為我沒能找到我的粉色上衣，我想也許你看見了」，或許對你會有所幫助。如果你不能輕鬆地當面談，你可以試著先把想說的話寫下來——這同時還將幫助你找到令自己沮喪的真正原因。

如果這聽起來像是躍過了所有的臺階，那你可以先一步一步地來。為你的兄弟姐妹們做些什麼，即使他（她）就是你所有問題的根源。在情況有所好轉時，你可以試著改變自己在他（她）心目中的醜陋形象。你還需要記住的是，距離不代表感情喪失，它卻能給你足夠的空間想出下一步該怎麼做。

父母的作用

父母們常常在你與兄弟姐妹的關係中扮演一個重要的角色，有時簡直就像是萬能的上帝。還會有誰對你的姐妹大加褒揚而對你卻找不出一句讚美的話呢？也許正是他們的比較，才使你對你的姐妹充滿了嫉妒、怨恨和憤怒。

你甚至感到他們愛她多一些。其實，愛和關注絕不可能完全均等地放在你們身上，而且這很難用量器來測量。你只能要求在一個相當長的時期內，父母對你們的愛是均等的。

一個正在改變中的家庭結構，如父母的再婚，而新近成為你的爸爸或媽媽的那個人還帶來一個小孩，會令事情更加複雜。你會感到你曾經擁有的關愛被拿走了，而你必須和一個陌生人分享你的父母。但同時機會也到了，你在家中的強弱順序會因此而改變——你可能從長子，變成了次子。

平靜下來

當你準備發洩你的怒火時，平靜下來。深呼吸，默數到十，再來一次。這將有助於你平靜下來，心跳減慢、腎上腺激素分泌減緩，最後思維清晰。

與他們談話

如果你認為你和兄弟姐妹之間存在問題，你得讓你父母知道，這很重要。必須提醒你的是，你在與他們爭論的時候，不要突然大聲嚷出你的抱怨，否則他們會對

此不予重視。因為他們只會認為你是突然歇斯底里發作。最好讓他們知道你心裡有個疙瘩解不開：找個時間與他們談談，而在此之前先告訴他們你有很嚴重的問題要和他們談，告訴你的父母你感到沮喪、被人忽略，而你認為他們有能力解決這些問題。

有時，與他們交談也無濟於事，你還需要向家人以外的人徵求意見，比如你的輔導老師、青少年救助熱線或生命線。

暴力男孩和暴力女孩

你的朋友們突然開始莫名地嘲笑你、責罵你，到底發生了什麼事？你被侮辱了，這就是所發生的。幾乎每個人都會在他們生活的某一階段被人欺負——被學校裡的同學、被兄弟或是姐妹、被老師（是的，有這樣的老師）或公司的老闆。

侮辱會以各種形式出現，伴隨著各種後果。有時你甚至沒有意識到你被侮辱了，還有的時候你感到孤獨，或是被恐嚇，最嚴重的是人身攻擊和蓄意傷害。

怎麼了？

侮辱包括一系列的表象，如：

- 嘲笑和無理責罵。
- 被排斥。
- 接到惡作劇電話。
- 被討厭的訊息騷擾。
- 被敲詐、被盜竊，或被騙財騙物。
- 人身攻擊。

在什麼時候你可能受到打擊或傷害呢？答案是，在任何你與眾不同的時候。你來自於另一種文化背景、另一種族、有某種缺陷或是僅僅因為你戴了一副不合時宜的眼鏡，都可能成為侮辱降臨的理由。

女孩善於用冷淡和排斥來造成對他人的傷害，而男孩則用騷擾。有時他們給女孩起可惡的綽號，比如叫她肥豬或三八之類。男孩和女孩都有暴力傾向，並不僅僅只是男孩才會使用辱罵和毆打。

誰幹的？

一些人把暴力當作一種生活方式——他們總在留心那些自認為能受得了虐待的受害者。（如果你也這樣想，那我得說，把快樂建立在別人痛苦之上的時候先想想：己所不欲，勿施於人。）

反暴力系統

如果你在學校被欺負，要向老師或訓導處報告。如果你不確定向誰求助，你可以向你的父母求援。

多數暴力事件發生在學校中或學校附近——你無法輕易逃脫的地方——而且常常，是在沒有成人在場的情況下，即使是在走廊或教室中。暴力事件經常發生在不易被發現的地方，如洗手間、學校操場或體育館。

這有關係嗎？

你可能會認為，如果你僅僅是被嘲笑或謾罵，或者被排斥，而沒有受到任何身體上的傷害，那受侮辱也沒什麼大不了的。但是，讓別人無休止地有意傷害你，可不是讓自己感覺良好的方式。當你經常處於受敵視狀態中，或你無力主宰自己的生活時，你的自尊心和自信心都將受到極大的打擊。同時，你還會逐漸承認自己受侮辱的地位，把受害當作生活的一部分。無論別人怎麼說，被惡意對待也不是性格塑造的好途徑，這總是有害的。

如何去做？

如果人們關注，惡意攻擊將轉入地下狀態，並難以進行。如果無人反抗，那他們就會認為他們勝利了——他們有為所欲為的能力。所以，阻止暴力最有效的途徑就是揭發。別認為自己是在告密——你只是在保護自己以及其他所有暴力事件的受

雙刃劍

雖然每個人都曾受過侮辱，但他們同時也會去侮辱別人。你曾侮辱過你的弟妹或朋友嗎？也許你也曾強迫過他們做不願意做的事情吧。

害者。

當然，有理由認為如果你是第一個站出來的人，你可能會遭到更暴力的對待。因而往往有這樣的事情發生，暴力事件的受害者不止一人，可是他們誰也不想第一個把事情抖出來。不用擔心，大多數學校都有校警或校規對付暴力事件，而他們往往不會洩漏揭發者的身分。

侮辱性的教師

雖然老師的原意是想讓你遵守班級秩序，但在他人面前當眾羞辱或辱罵你，這也是一種侮辱。所以，當侮辱你的人是老師時，你應該怎麼做？向誰求助呢？誰會相信你呢？也許你最先想到的人是你的父母，的確，在求助於其他的教師、輔導老師或校長之前，應該先跟父母們好好談談，爭取得到他們的支持。如果你經常受到這種來自於教師的侮辱，千萬別習以為常，如果這種侮辱讓你一蹶不振，也千萬別把它當作自甘墮落的理由。

步驟

在尋求幫助的同時，你還可以為自己做些事情。下面這些建議，一些對你來說會很合適，也許另外一些不太合適。所以，挑你願意做的去做：

- 警告侮辱者停止侮辱。

- 盡力忽視這一切。
- 如果你可以，離開那裡。
- 留在學校，侮辱你的人就會認為他的行動失敗了。
- 不要回擊。
- 準備一系列措施，也許你能發現回擊的好辦法。
- 和團隊在一起。
- 避免暴力事件的再次發生。
- 給自信心一些精神鼓舞。
- 記下每件事和它們給你的感受。

聰明的回擊

他們說磚石能敲碎你的骨頭，但語言不會。這不對——惡意中傷能讓你的自信土崩瓦解。不要想到什麼說什麼，試試下面這些應對措施：

惡意中傷	機智應對
喲，肥豬。	我對我的身材很滿意，限制熱量攝取的人可沒這身材。
你對打籃球根本一竅不通，你簡直是個大小姐。	你得習慣於別人的這種說法——對別的事我可是樣樣在行。
你是真的想穿成那樣嗎？	我想這看起來棒極了。
你應該減肥了。	也許，但我自己感覺良好，對此毫不在意。
這是什麼髮型啊？	我喜歡我的髮型。

第五章

妳的性別與性

手指動作……手淫

不，那不會讓你眼睛暴盲或讓你的手指斷掉，如果你為此擔驚受怕，你會瘋掉的。手淫是你性意識成熟過程中平常、而且是健康的組成部分。

無論你是否接受手淫，你在觸摸外生殖器時，理智都會很不舒服，即使那讓你「感覺」很好，其實，你根本不用對此反感或害臊。另一方面，你也許並不想告訴別人你有多愛這項特別的消遣，因為這是純私人性的行為，幾乎沒人把它拿出來分享。

這是什麼？

當你刺激性器官周圍——尤其是陰蒂時——你會為此而著迷，因為那樣做感覺很好。你會有興奮、刺激的感覺，而這種感覺會越來越強，直到你達到高潮。那種感覺簡直是絕妙。

手淫的方式有多種——用手指，或者用枕頭一類的東西摩擦，從淋浴噴頭中射出的水柱會讓人感覺很好。當然，刺激並不僅僅限於體外，把手指伸入陰道內同樣會令你興奮。

這樣可以嗎？

十幾歲的女孩中有十分之七手淫——而幾乎所有的男孩都曾這樣做過。雖然有些人一生只試過一兩次而有些人也只是偶爾為之。

手淫是女孩們了解她們身體和熟悉她們性反應的良好途徑。你能漸漸發現什麼對你來說會起作用，同時，它還具有實踐功能。因為，當你再長大一些時，你將發現手淫是開始性關係的良好方式之一。它能讓性關係循序漸進，而且安全，你不必冒懷孕或傳染性病的危險。如果你已經習慣於自己觸摸，那當別人觸摸時，你也同樣會感覺良好。

同時，如果你已經處於或曾經處於性關係中，這將是再體會的良好方式。對於有固定性關係的女孩或已婚婦女來說，手

淫並不常見，也正是因為她們已經不再需要手淫來刺激她們了。

性幻想

當你手淫時，你經常會假定對象或情景來令自己發熱，在腦子裡構思一幅尋歡作樂的圖景，或想像和一個富有魅力的男子做愛，或回憶電影裡的某個火爆鏡頭，這都可以讓你亢奮。不要因為使用想像力來愉悅自己而有犯罪感——僅僅在腦子裡存在的畫面是不會有害的。

給誰打電話

如果隱藏自己的感情，你會感到可怕的孤獨。找一個能了解你、靠得住的人聽你訴苦，這很重要。如果你為你的性別和與女孩的戀情而感到苦惱，你可以打電話給張老師專線。

你是異性戀還是同性戀？

我愛上了一位女孩，這是否意味著我是同性戀？我還會再愛男生嗎？

大多數人都是異性戀，所以確證自己的性別身分意味著對異性產生「性」趣。但對於同性戀者來說，她們常常會對同性感興趣。你不要貿然斷言「我是個同性戀者」，或「我是個異性戀者」，這是你對自我進行評價的重要組成部分。

同性戀和異性戀並非截然對立，沒有中間地帶。性別差異是有範圍的，那些雙

性戀者，就是處於中間地帶而對男女都感興趣的人。

女孩們很容易被女孩所吸引或對年長的女孩動心。對某些人來說這只是一個階段，而對另一些人來說，這可能就是一生的選擇。一些女孩度過這個階段後成為同性戀女子；一些女孩跟女孩發生過關係後，覺得自己還是更喜歡男人；有些女人甚至在她們的孩子長大之後又爆發了這種欲望。

性別確認的途徑受外界力量、價值期望和目標決心的影響，因而常常在變。改變你的注意力，這並沒有什麼不好，沒人能決定你的前途，也沒人能規定你的前途，一切都取決於你自己。

如果你對別的女孩子產生「性」趣，你最好承認這種感覺，並對自己說這沒什麼大不了的。否認這一切不會讓這種感覺消失，也不會讓你確認自我價值。無論你的「性」趣如何，你都為它感到自豪，因為那才是真實的自己。

發現你自己

你生命中的這一階段，你的性領域中還有很多未知數，你希望能得到更多有用的訊息以便於你更能了解自己以

追本溯源

「heteros」來自於古希臘，意為「異己的」，而「homos」意為「相同的」，所以「heterosexual」表示異性戀關係，而「homosexual」表示同性戀關係。「lesbian」來自於雷斯鮑斯，在那裡，西元前六世紀的偉大詩人薩夫曾寫詩歌頌女性間的愛情。

及你身邊所發生的一切。你也希望能為成人後的生活做一些準備。

不幸的是，你在學校中所接受的性教育幾乎全是以異性戀為基礎的。幾乎所有的讀物（包括書籍）都告訴你女孩應該和男孩在一起，而不是和女孩在一起。

我們所得知的關於同性戀的資訊是不確切的，至少是不完全的。我們只是將道聽塗說的東西拼湊起來，而拼湊不足以幫助人們發現自己身上發生了些什麼。

不管以後同性戀是否會成為你的負擔，仔細考慮這一切是很重要的。如果我們對於異性戀和同性戀都有了很好的認識，我們將理解人類的性別問題，我們社會中對同性戀者的歧視將因此而減少，世界上也可以少一些對同性戀者的害怕和敵視。

不盲從於傳統觀念，你可能會受到學校中同性戀歧視者的惡意對待，你可能會被侮辱、被嘲笑，而這一切僅僅因為你看起來男性化。

他們像什麼樣子

許多人對同性戀者都有傳統觀念或模式化的態度，雖然她們男性化、追求男女平等或憎恨男性，也許只有五十分之一的女性是同性戀者，你也根本無法從另外五十分之四十九中將她們辨認出來。

一些女同性戀者，正如男同性戀者一樣，用衣著或交往人群來確證她們的性別身分，一般說來，她們更喜歡和女人待在一起。其實，女同性戀者看起來和別人沒

什麼區別，做同樣的工作，也有男性朋友——她們僅僅是不跟他們發生性關係而已。

同性戀關係和異性戀關係一樣有多種表達形式，有短期的，也有長期的，在一些關係中，一個女孩子扮演男性角色，而有的關係中二人之間幾乎沒有差別。為表達她們的性感受，她們也接吻、擁抱，相互撫摸、揉搓，用手使自己和對方滿足，使用手指或替代品相互安慰。正如異性戀者一樣，同性戀者也根據自己的需要，採取不同的方式表達自己的性感受和性要求。

向誰傾訴

如果你被女孩愛上了，並且希望和別人討論一下這個問題，最重要的是你討論這件事的方式。討論隱私時，你必須確保它的安全。

在這種情況下，你最親密的朋友或家庭已無法再保證你隱私的安全了，反而是情感上與你無關的某人倒能做到這一點。同時，電話上談可能會比當面談更容易一些，所以，那些提供專業心理諮詢服務的電話熱線是不錯的選擇。

也許你的父母會樂於談論這些事，你也能想到他們的反應。如果你和父母之間的關係親密到無話不說，你也得確信他們不會被你吸引了一個女孩這件事嚇一大跳；如果他們不能與你分享你生活中的每一個細節，那這件事對他們來說簡直無異

於晴天霹靂。

你與女人談戀愛，這件事可能會引起你的女友們不同的反應。但可以肯定的是，你將會令她們感到恐懼和害怕，她們會對女人之間的相互吸引而感到噁心，同時擔心你會對她們有不良企圖。

所以，如果你無法確信誰能聽你傾訴，無法確信誰能給你建設性的幫助，你最好能自己解決問題。

不只是一個階段

接受你對女孩的感情是接受你自己的重要組成部分，這將使你如釋重負，並重新發掘自己的情感，選擇自己的人生。

接受你是個同性戀者這一事實將會相當困難，如果你獨自承受這一切的話。但如果你有支持你的朋友或親人，問題將會容易解決得多。但是，你得記住，每一個人的情況各不相同。

從你最初承認自己的感情到承認自己是個同性戀者將經歷好幾年的時間，而到你讓別人知道這件事又將過去好幾年。但是，你一旦沿著這條路走下去，就沒有任何東西能夠阻礙你，你最終將心情愉快、心安理得地接受自己是個同性戀者這一事實。你也許從此無法再得到朋友和家人的支持，並與他們之間關係緊張。雖然你只

是避免了跟一個男孩子出雙入對這一情況的出現。

許多女孩需要同病相憐的女人或女孩的幫助，這種幫助事實上相當有用。你能在電話簿上找到為你提供一對同情的耳朵，和一方安全的空間的同性戀熱線。

許多人為自己的性問題而迷惑，確定了自己是同性戀者的年輕女孩還必須面對很多其他的問題。首先，在異性戀占絕對優勢的世界中你會感到孤獨和沒有歸屬感。既然大家都認為應該和男孩戀愛，那麼你和女孩戀愛就會令別人感到害怕。你會發現你被排斥、被人厭惡、被惡意對待，最糟糕的是，會遭到人身攻擊。

事實上，由於侮辱，學校對同性戀者來說並不安全，尤其在你不願意告訴父母或老師的情況下。有時，老師也歧視同性戀者，或並不阻止其他人欺負她們。有調查顯示，許多有這種複雜情況的青少年都被迫吸毒、酗酒、自殘甚至自殺。當你被傷害時，你需要找到合適的方式去應付這一切。

尋求支持

在這個世界上做一個同性戀者很難，讓事情真相大白可以鼓起你繼續生活的勇氣，但你需要事先做好一切準備才能宣佈這件事。有時讓這件事永遠深藏不露也是一種勇氣，因為，隨著時間的推移，將這件對你來說幾乎致命的事情深藏於心，會是對你自身價值的考驗。你不需要為自己貼上任何標籤，直到你做好一切準備——

世上沒有一成不變的定律，只有你對自己的所感和所望的決定。

你也許需要向那些不會對你輕易下定論，或和你同命相憐的女人或女孩求助，這有助於你重拾自尊，並對自己的未來充滿信心。

雖然你只不過想聽父母說，「那很棒，寶貝」或「無論怎樣，我們都愛你」，但他們似乎不可能這樣說。對你的父母和朋友來說，這件事的發生幾乎是平地裡起驚雷。告訴他們，只不過是萬里長征的第一步，你還必須得為今後如何面對這一切做好一切計畫。

如果你父母的第一反應是反對，你最好先聽他們說完，而不要急於與他們的反對態度針鋒相對。他們也需要表達，他們的第一反應也許會使你的生活因此而更加困難，或者你從此將斷子絕孫。（這些都是小問題，但情急之下，他們不會考慮那麼多。）對於你不按常規生活，會令他們感到如鯁在喉。那並不說明他們完全否認你的生活方式，只是他們需要時間去適應這一切，正如你所經歷的那樣。

你為性關係做好準備了嗎？

雖然成為現實還很遙遠，但你或許已經在白日夢中見過自己失去童貞。像做歷

史作業一樣，努力思考你何時、何地、和誰一起做、做得怎麼樣，會是件很搞笑的事。

你的自我感覺

如果你的身體準備好了，那麼問題是什麼呢？所有的生理條件都適合並不意味著你的頭腦和心理也已經準備好了。性對你的情感的影響會比廣告和電影告訴你的大得多。

你需要對你自己的感覺和影響你的因素有一個清晰的了解，因為性是一件足以改變人生的大事（它甚至讓很多成人都失去控制）。它像毒品一樣會令你陷入迷恍的夢幻之中——以至於你無法決定自己應該做什麼，什麼樣的男孩更適合你。

在它令你飄飄欲仙的同時，它也會使你迷惑、受傷，尤其當這不是你所追求的感情和性時。你也許認為，性是兩情相悅時唯一可做的事，但它不是。

缺乏自信的人常認為性能讓他／她重拾自信，因為這意味著有人被他所吸引，並關心他的一舉手、一投足。但這並不完全正確——除非你們是真心相愛，而且你在此之前已經確認了自己的價值。

知道如何對待你的性感受是知道你究竟是誰的一個重要組成部分。最好的方式是發展親密的、朋友般的感情，學會彼此信任，很好地溝通。這樣，當你們某天無法控制自己的激情時，你知道自己是躺在愛你的人的臂彎中，你是安全的。

但是，什麼時候？

當你即將失去童貞時，合適的時間、合適的地點、合適的對象，對每個女孩來說都各個不同。這不僅取決於你是什麼樣的人、你需要的是什麼，還取決於你身處什麼樣的關係之中。所以只有你自己知道什麼時候最合適。

這是你自己的選擇，而且只能你自己選擇。所以，你需要在你的男朋友強迫你時明確地告訴他你不能這樣做，因為你不想違抗傳統輿論，或是你父母的意見。如果他真的愛你，他會了解你，會應你的要求選擇合適的時間和地點。說到傳統輿論和你父母的反對——它們真的是你不願意這麼做的原因嗎？

你希望對自己的生活握有主動權，你不想做你不願意做的事情。有意迴避性關係聽來似乎落伍了，而且也並不容易做到（特別是你為這個出色的小夥子而瘋狂的時候），但是，你必須慎重對待這個足以改變你一生的決定。

理想的戀愛關係

我們都曾聽過「把愛情與性分開對待」的說法——但你為什麼想要這樣做呢？性是一件親密到讓兩人不得不融為一體的事情，因此它會讓你覺得，你只想和你愛著、同時也愛著你的人一起做。

好吧，也許可以在沒有戀愛時發生性關係，但你絕對無法將性從你的感覺中分離出來，無論你怎樣看待自己。當你評價自己時，你同時也會評價每一次性經驗的特別之處，因而有時性感覺就代表你對自己的感覺。

正如黑夜緊跟著白天，人們常認為戀愛過後馬上就是性。無論是男孩還是女孩都普遍認為愛情中不能沒有它。但事實上是，過早地發生性關係反而會阻礙你們進一步相戀。為了得到愉快而健康的戀情，你們需要時間去一起玩樂，相互理解和學會照顧對方。

很可能你和你的男朋友在何時能走到這一步的問題上意見分歧，但你們必須共同解決問題。記住，一個值得去愛的男孩首先會愛他自己，如果你的選擇是慢慢來，那他一定會等你。

有關性的事實

大約百分之七十的澳大利亞人在十七歲之前告別童貞。其中，女孩的平均年齡是十六點九歲，而男孩的平均年齡是十六點五歲。你無須和平均值保持一致，你最好自己決定什麼最適合你。

開誠佈公

有一件事是可以肯定的，你和你的男朋友越心靈相通，你們的性關係就越美妙無比。如果你們不能公開坦誠地交流你們的思想，在床上時就更懶得調動你們的舌頭了（即使你們也接吻）。

別再任性地說喜歡什麼或不喜歡什麼，你們需要討論一下你們的戀愛前景，比如在性的實踐問題和忠誠問題上達成一致。

性帶來變化

如果你和你的男朋友彼此真心，性關係能讓你們的感情更加深厚。但同時，這種更深厚的感情往往伴隨著更多的要求與義務，因而也會令你們更緊張。這樣的關係中，感情成分更加複雜，你們也將開始用與以往不同的方式對待對方——你們在彼此的心目中都是最特殊的一員了，這就是為什麼和發生了性關係的男朋友分手比沒有性關係的男朋友分手更困難的原因。

當你已經和他的身體糾纏不清時，你會感到你需要更多的安全感，你開始體驗一種全新的感情，包括不確定、獨占欲和忌妒心。你往往要花很長的時間才能適應這種性關係所帶來的變化，所以，你必須在此之前先確定：你和你的男朋友是同一顆星球上旅行的人，你們有能力同甘苦、共患難。

如果你的感情進展得並不順利，千萬不要錯誤地認為性關係能熨平你們之間的齟齬。如果你們壓根不適合，性也不能解決任何問題。它只會給問題塗上一層偽裝色，然後等你早上起床出門時，問題依然在那裡等待你解決。

你的童貞是很寶貴的東西，所以在與誰、何時、何地這樣的問題上，一定要反覆思量。記住，在沒有性關係的感情中，你也能找到珍愛和溫柔，你們可以長時間地接觸、撫摸、緊貼、相擁、親吻和摟抱，你們要學會自控，這也是每一對戀人所必須學會的。

你為何想要性？

是的，因為人體內有很強很強的生理需要，而且你正與你心儀的男子在一起，但你絕不能任由性欲擺佈。（否則你們就會不擇時間場合了，你的父母也一樣，啊哈！）當你血脈賁張，你的頭腦就開始放假，也許它認為你的身體已經接管了它的工作。所以此時，你必須把握好航向，直到螺旋槳停止轉動。

把那些蒼白無力、早就過時的性欲衝動論扔到一邊去吧（或許它還會令你有一點焦慮），看看還有其他什麼原因讓你們在床單上翻滾。畢竟，性能讓你更美麗、更成熟，而且成為一個真正完整的人。好了，現在我們應該嚴肅地來探討你為什麼想要性了。

無處不在的性刺激

外界有相當多的刺激令你性敏感或性衝動，有時我們甚至沒有意識到它們的存

雙重標準

在從新婚的床上彈起來之前，女孩通常都被認為是甜蜜可人、清白無辜的。而男孩常被認為更喜歡這項床上運動。這令你特別想知道那個男孩到底對誰有這種想法，難道不是嗎？

在。它們到處都是，從美國總統到冰淇淋廣告，任何一部羅曼蒂克的電影都有帶「色」的鏡頭。（所以，誰還能抱怨你呢？）

賣弄風情

事實上我們並沒有對這些推銷性質的東西予以足夠的關注，我們很容易忘記它不僅僅是熱身運動的一部分，同時也是戀愛關係的重要組成部分。

雖然大眾傳媒和電影都向我們保證：性是通向成人的入場券，但你可能並未對此做好準備。有時你覺得如果你沒有性衝動，那一定是你什麼地方出了問題。不，不對，這僅僅是因為合適的時間、合適的人沒有到來而已。

你的需要

你需要被人充滿愛意地撫摸，這很自然。但這和性是完全不同的事，雖然它們都親密，而且私人化。事實上，性並不總意味著感情，如果你的性經驗中缺少溫柔，你甚至可能在以後的生活中不再渴望得到愛情，因為你僅僅感到被人利用、被人傷害，而不是被需要，被愛。

性和朋友

或許你感到朋友在性的問題上給了你壓力，朋友的觀點使你認為性能使你更有魅力、更受歡迎。如果這已經成了一個問題，那你應該再好好地審視一下你的朋友。真正的朋友關心的是你這個人而不是別的什麼，他們也能理解是否告別處女是你個人的事情，而且也只能由你自己決定。無論你做出什麼樣的抉擇，都不能影響他們對你的感情。

無論是誰

有時你可能會認為，你應該有性經驗了，因為全世界的人都這麼做了，你可不想被拋棄，或是落伍。更糟糕的是，已經有朋友認為你對性不感興趣了。不要再繼續為「我可不想成為世界上最後一個處女」

這樣的問題所困擾，它會讓你迷失自己的方向（你也不想這樣吧）。

嗯……不要性？

毫無疑問，你生命中有很長的一段時間將孤枕難眠。獨守空房是事實——這不僅發生在那些單身漢身上，也會發生在戀人之中，因為不和、疾病或僅僅是沒興趣。每天，都有那些已經習慣了性生活，突然之間又孤身一人的人們在輾轉反側。所以，就把這當成是實踐成人生活的一個階段吧。

外在壓力

人們的觀點、男朋友的贊成，這樣的外在壓力都不足以構成你告別處女的理由。只有你心裡所望、腦裡所想的東西才是一切的關鍵。如果你是為了以下的這些原因決定偷嘗禁果的話，那我建議你最好再想想：

- 我的男朋友會因此更愛我。
- 他說過他會永遠愛我。
- 如果我不和他上床，別人就會這麼做了。
- 他會為此而離開我。
- 我知道他愛我，雖然他從未說出。

下流的男朋友

如果你的男朋友對你說：「不上床，就別想再談戀愛。」很明顯，在他心目中，性比你重要得多。離開他，找個認為和你之間的愛情比別的東西更重要的男朋友。

- 我應該和他做愛，因為他是我的初戀。
- 這會讓我感覺自己被需要。
- 我會因此更有魅力。
- 這會令我成長。
- 這將令我們更加親密。
- 這會令我的父母大驚失色。

性和你的男朋友

如果你在十四歲時想偷嘗禁果……再想想……再好好地想想……直到你滿了十八歲。我國的法律規定，年滿十八歲才有自由發生性關係的權利。所以，當你和你的戀人忍不住時，首先確定你們沒有違法。

堅定，而且自信

毫無疑問，發生性關係最糟糕的理由是性阻礙了你的願望。另一個糟糕的理由是某個人希望你這麼做。

你試圖找出自己真正需要的是什麼的時候，你必須慎重考慮你是否需要性——

然後再說你需要什麼。如果你對你願意與他親吻擁抱的男朋友說，我還沒有準備好和你更進一步，那你真是做得棒極了。這種時刻往往會很尷尬，但是困難並不代表無趣，要想別人尊重你，你首先得尊重你自己。

當然，要你完全不想去取悅你所愛的人，那真是太困難了。但是，說出來會比你自始至終感覺糟透了要好得多，而且，想想你可能會對那個強迫你的男人心生怨恨。

不情願的接近

當你的男朋友曾經以一種令你不舒服的方式觸摸你時，你得拿定主意你自己能直截了當地向他提出這個問題。比如說，他把手放在你的襯衣裡，並沒有想要拿開的意思。而你知道他事先並沒有徵得你的同意。

同時，確信你尊重他選擇的權利，當他不願意時，不要強迫他做你想做的事情。

當父母不同意時

父母和性，似乎是八竿子打不著的東西。如果你夠幸運，你的父母也許會和你討論討論這個問題，並且在時機成熟時相信你會做出明智的選擇。

你會注意到，父母們在談論性問題時表現得很不自然（這幾乎令你想知道他們是否真的在享受性生活），因而有時會令你因為自己對性關注而羞愧。別這樣，性愉悅是完全健康的，你大可不必因為別人的反對就強迫自己忽略，或是壓抑這種感受。

有些父母甚至會認為，決定你何時可以開始性關係是他們義不容辭的責任，但事實上，這完全應該由你自己決定。他們在你耳邊喋喋不休，可是他們的建議根本起不了什麼作用——因為當此事發生時，他們不可能在你身邊。

當你最後決定要採取果斷措施時，你將會發現，有時你覺得你需要，可有時你又不這樣認為。反覆無常是很正常的——這畢竟是人生的轉捩點——但是如果你和你的男朋友已經讓你們的感情發展得足夠充分了，想必你們倆應該也已經習慣於耐心等候了。

什麼是安全的，什麼不是

發生性關係的可怕後果之一是染上STD（性接觸傳染性疾病）。你的性伴侶越多，你染上的機率就越大。而你只需和性病病原體帶原者發生一次未加保護的性關係，你就會染上這種疾病。

誰是安全的？

安全的性關係中最重要的一條是你和誰做愛。如果你和你的戀人彼此相識很久（而不是剛剛一見鍾情），你絕對肯定他從未和別人睡過覺，那樣可以相信你是安全的（僅僅就疾病而言，而不是對懷孕來說）。但是，如果他曾經和別的女人發生過性關係，而那個女人之前的幾個性伴侶中有一個曾注射過毒品，那一切就亂了方寸——並且相當不安全。要確保你的安全，請不要忘了使用保險套。

隱瞞

有時愛情中「潛藏的事實」不會立刻顯現，可能是幾個月，也可能是幾年。這些事情往往像吃了烤豆子之後放屁一樣難以啟齒，或者是說出來有損你們之間的感情，比如說他不是你的第一個男人。你的男朋友告訴你他曾經有別的女人，並且執意要求使用保險套以確保你的安全，你難道不願意嗎？為什麼你不能以同樣的態度對待他呢？

當愛情剛剛開始時，人們不會立即討論他們曾經和哪些人上過床，所以你根本不可能知道你男朋友的過往豔史——就正如他也不會知道你的一樣。所以，你們中的一個（至少一位）必須說出：「讓過去的事情都過去吧！」你們現在必須要討論的是目前的保護措施。雖然你可能覺得這是件令人發窘的事情——或者這會令你們

的浪漫夜晚降溫，讓他失望地轉身離去——的確，這讓他明白你對很多常識並不是一無所知。當然，你會感到窘迫，他可能也會有同樣的感受，那好吧，就當這是分享經驗好了，然後讓你們倆一塊兒窘困。

過分相信？

如果，你的男朋友說那不是問題，你沒必要為保護措施而擔憂，那此時你就應該考慮考慮他到底是什麼樣的人了。他是否值得你信賴？他是否對他曾去過的地方以及做過的事完全坦白？即使所有這樣的問題他全部回答「是」——你也應該小心，因為我們都知道即使我們最愛的人也有不小心的時候。

堅持做好一切保護措施，這可能會讓你感到內疚，因為你看起來像是不夠信任他。但是想想如果你感染了性病，你會有多後悔吧。兩者之間選一個，你覺得哪個更好受一些呢？

如果你表現出並不完全信任他，你的男朋友可能會認為你不夠愛他，因而感到自己被傷害。但是你們應該知道，比起是否使用保險套的爭論來，你和他的安全是更值得你們珍惜的東西。

口交怎麼樣？

口交被認為是在有性病傳染危險時，比較安全的一種。但是如果你的嘴上有傷

口或潰瘍，你同樣需要做好保護措施以避免感染。你可以用保護薄膜遮住陰部或肛門，或是用保險套套住陰莖。如果你有唇皰疹之類的病，千萬不要嘗試用嘴。

選擇避孕

一位西元三世紀時在羅馬行醫的婦科醫生，建議婦女們在性交後立刻咳嗽、蹦跳或是打噴嚏，將精子驅出體外（請注意，這不是正確的方法）。西元十五世紀中期，一位義大利解剖學者，發明了一種亞麻保險套來罩住陰莖的頂部（類似於保險套），他的原意不是為了避孕，而是為了防止性病的傳播。

以後的避孕措施全都由這位義大利的解剖學者的保險套發展而來——所以你一旦選擇了避孕措施，同時也就避免了你和你的男朋友感染性病。在你處於長期的、排他性的性關係之前，你都必須每次使用保險套——即使你同時還在使用其他的避孕措施。

你的選擇

對於隨隨便便的性關係來說，保險套是必需品，但是如果你們已經處於穩定的性關係中，而且你知道你的男朋友的所有豔史，你可以選擇一種更為長遠的避孕措

準備　堅定　等待

關於避孕和性安全問題開誠佈公的交流，是良好的性關係中最重要的組成部分。如果你還沒有和你的男朋友發生性關係，你覺得和他討論這個問題令你窘迫，那麼，你還沒有做好和他發生關係的準備。

施。為此，你必須向醫生諮詢，無論他是你熟識的醫生還是你從未見過的醫生，或許陌生的醫生更受你歡迎，因為這樣你就不會感到窘迫或尷尬。記住，只有當你到了合法年齡後醫生才能為你開避孕藥。

當然，你也可以用自然避孕法，比如說及時測出並利用生理週期，但是這種方法往往需要豐富的經驗，否則它們完全不可信任。

不管是用保險套還是利用生理週期，避孕往往取決於你——女孩。因為只有你才是能夠阻止懷孕的那個人。這是一項相當嚴重的任務，乃至你往往會為這項任務而感到被傷害，或是覺得它簡直是沉重的負擔。你應該和你的男朋友討論討論哪種避孕措施更適合你，他也需要為避免不請自來的寶寶費些心思。

這並不一定有效

百分之百有效的避孕措施只有一種——不發生性關係。有時避孕措施失敗是因為它們沒有被很好地使用——或是根本沒使用——有時又可能是避孕措施本身的問題。例如，使用保險套：

・當男孩撤回時，保險套脫落導致精子外洩。
・你正處於安全期，所以你想你也許可以平安度過。
・保險套破裂。

及時後撤

這是一種和石頭一樣古老的方法，能成功地及時後撤的男人也得是像石頭一樣老的人了。也許不是非常確切，但是它的確需要那個人確切地知道自己何時射精。為了讓這種方法能更加行之有效，男人必須算好哪怕一秒的時間，必須要確保絕對沒有精液黏附到你的陰道附近。有時也可能他自己都沒意識到已經有精液流出了，所以這種方法比較冒險。

生理週期

即使是那些最有經驗的人，利用安全期避孕也必須依賴於準確而規律的月經週期，並且是定時發生性關係。這意味著你必須能辨認出分泌物的變化，當你處於排卵期時，它們會由黏稠變得稀薄（它們變得稀薄以便於精子能順利上游）。這是在特殊課程中所教授的一種複雜的方法，往往被已婚婦女採用。

方式	效果
保險套	如果被正確使用，85%的成功率
藥片	遵照醫囑使用，99%的成功率
保護膜和殺精子劑	每次使用，92%的成功率
IUD（避孕環）	97%

保險套

作為最常用的避孕工具，你可以在藥房、超市和自動販賣機上買到。它們是很薄的橡膠薄膜，當你剛買到的時候，它們被捲在一起。方法是，你的男朋友將它展開——或你將它展開——套在他勃起的陰莖上。是的，第一次這麼做時你們會非常的不好意思，但是一旦你們捅破了這層窗戶紙，以後就能對此習以為常，不會大驚小怪了。

雖然它們也可能洩漏，但是保險套總括說來還是有效的。同時，它們還能阻止性病的傳播。當然，有效性依賴於你如何使用它們，這裡有一些使用指南：

- 檢查有效期，並確保它們沒有在太陽下曬過（那會令它們毀壞）。
- 開封時請勿用力撕扯。
- 保險套的前端需要擠壓（大概一釐米），以保證沒有留下空隙（當他射精時，這裡就會積存精液）。
- 陰莖根部的部分必須完全展開，以確保在射精後陰莖萎縮時它不會脫落。
- 塗一些水質潤滑油在外面，它們會減少保險套破裂的機率。（不要使用油質潤滑劑，這會溶解橡膠）。
- 射精後不要長時間停留在你裡面，當他萎縮時，保險套很可能脫落。

・你的男朋友最好在他撤出的時候捏住保險套，以保證沒有精子外洩。

・只用一次——保險套都是一次性的。

・用紙巾包起來扔到垃圾箱裡——不要扔在廁所裡。

一些人說保險套會減少性交時的快感，但事實上這種影響微小到可以忽略不計——誰會在那種時刻注意微小的差異呢？也許你可以用不同的手感和香味來彌補這種缺憾。

避孕泡沫

同樣，在藥房和超市都能買到，避孕泡沫能在精子進入子宮頸之前殺死它們。在性交前十五分鐘將泡沫塗在塗敷器上插入陰道，然後在之後的六至八個小時後將其取出，這樣就能保證殺死所有活著的精子。

如果單獨使用，避孕泡沫只有百分之五十的成功率。因此它常和保險套或保護隔膜配套使用，以增加成功率。

避孕藥片

你需要在醫生的指導下得到一些避孕藥片——這也是十幾歲的女孩子避孕最常用的方法。它內含的人造激素可以從以下三個方面發揮作用：

・阻止，或減少卵巢中卵子的生成。

・它們改變子宮內膜，使卵子無法在其上面固定。
・它們使子宮頸的分泌物黏稠，導致精子無法順利到達子宮和輸卵管，從而阻止卵子受精。

如果你每天服用，避孕藥的有效率為百分之九十九，但是如果你老是忘記這件事，它的藥效就會大打折扣！事實上，如果你不按指導服藥的話，它的有效率僅為百分之九十五——所以首先必須閱讀說明書。在開藥之前，醫生會仔細詢問你的過往病史，因為它會加重糖尿病和偏頭痛之類的病症。它還會帶來很多副作用，但有些也是對人體有益的，如：

・減少經量、減短經期。
・令經期更規律。
・減少經期疼痛。
・減少經前緊張症。
・減少粉刺。

有些副作用對人體有害，如：

・增加經前緊張症。
・增加粉刺。

- 增重。
- 使胸部膨脹。
- 臉上和頸子上的色素斑（皮膚上的黑色斑點）容易生成。

避孕藥有不同種類，你會發現其中的一種比另外的更適合你。最好和你的醫生討論這個問題，並向別人諮詢這個問題，這樣你就能對每一種的利弊了然於心。同時確定你已經讀懂了說明書，並照它說的做了，否則你不能指望這個藥片起作用。如果有任何不良反應，立即向你的醫生諮詢。

保護隔膜（或女用保險套）

一位醫生或家庭護理能幫你安裝這種保護隔膜，這是一個很淺的橡皮杯狀物，覆蓋在子宮頸上，使精子無法接觸到卵子。它們有各種不同的型號，你必須選擇最適合的一款，以使其發揮最大作用。它們有時也和殺精劑與膠凍同時使用，以達到特殊保護目的。

你能很快適應體內的隔膜，因為它是有彈性的，你可以將其折疊再把它插入你的陰道。你的醫生或護理師會給你指導，但在正式使用之前你最好先試用一下——你可能會因為它而感到一點點緊張。

注意事項

買一些保險套備用，這很重要，這樣，當你需要它們的時候你不至於手足無措。

隔膜需要在性關係後八小時拿出，並且仔細清洗、晾乾並放回它原來的容器。它們用起來比藥片更麻煩，你必須花一定時間去適應它，所以對於十幾歲的女孩來說並不很通用。如果你不想攝取過多的化學藥劑，這個或許很適合你，你可以試一試。

避孕環

內置式子宮裝置，很少為十幾歲的女孩所用，因為她們的子宮還沒有停止生長。它是一個微小的塑膠薄片，藉由改變子宮頸的內壁黏膜來阻止受精卵附著。避孕環必須由醫生來為你安置。

補救藥片

專為保險套洩漏、忘記服藥或在危險期中的突發性關係等緊急情況而設計，這種藥片是大劑量的避孕藥（往往要求在十二小時內服四片），它也是藉由改變子宮頸黏膜，從而使卵子無法黏附來達到避孕目的。

你需要遵照醫生的建議來服用緊急避孕藥，同時它們必須在發生性關係後的七十二小時內被服下。如果儘快使用，其有效率是相當高的，但同時它們也極易引發噁心。最好不要將它們作為普通避

向誰諮詢？

如果你希望得到一些關於避孕的建議，你可以向醫生諮詢。

孕措施，而只在情況緊急時使用。

難以置信的事

注意關於避孕和懷孕的迷信，以下這些是你不能相信的說法：

- 站著時無法懷孕——你要是倒立則一定會懷孕。
- 行經期間不可能懷孕——這不對，同樣，你會懷孕的。
- 初夜時不可能懷孕——成千的女孩不會同意你的說法。
- 用沖洗液清洗你的陰道可以阻止你懷孕——你若相信的話，那你也可以試試咳嗽、跳躍和打噴嚏，它們根本無濟於事。

STD……性病

事實上，性病是一種極易傳染的疾病，只需和病原體帶原者有過一次未加保護的性接觸，你就會染上這種病，而當時你一無所知。如果不及時治療，它將對你的健康造成嚴重的、長期的危害。

檢查並治療

如果你認為你已經得了性病，你必須馬上去看醫生或去性病防治中心。及時的

全面檢查和治療相當重要，這不僅可以阻止別人被傳染，同時還能阻止你的病情繼續惡化。如果熟悉的醫生讓你覺得尷尬，你可以找一個沒人認識你的地方或診所就醫。

性病

最常見的侵害你的內部器官的性病病原體（讀作cla-mid-ee-uh），往往能在子宮道內壁黏膜細胞中找到它。如果沒有很好地保護你的陰道、口和肛門，你會很容易感染上這種細菌性傳染病。這種病有時不會有任何症狀，而且能在你體內潛伏相當長的時間。

徵兆：當你感染了性病，可能會出現以下症狀：

- 陰部搔癢。
- 小便時有灼熱感。
- 陰道經常性流出異物。

如果我保持這個姿勢，而你一直摒住呼吸，那我就不可能懷孕。

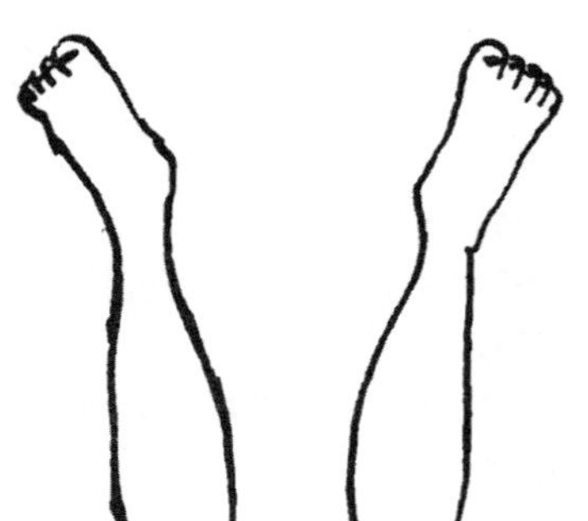

·下腹疼痛。

·行經期間異常流血。

如果病情進一步惡化，有可能會發展成PID（骨盆炎），並出現以下症狀：

·下腹疼痛。

·陰道分泌異物，伴有難聞的氣味。

·發燒。

治療：如果不是全面檢查（從子宮頸中取樣）和及早治療，性病會帶給你極大的困擾。一些婦女要到懷孕時才發現自己原來已經感染了性病，而此時它造成的組織結疤已經堵塞了輸卵管。當你被懷疑感染了性病或骨盆炎時，你和你的父母都應該服用抗生素治療。

生殖器疣

也被稱為HPV，在十六至二十五歲青年中相當普遍。它雖然由病毒引起，但有時你也可能已經感染了病毒但沒有生疣。

HPV屬於接觸性皮膚傳染病，它們甚至能出現在所有保險套無法覆蓋的地方。

性安全措施

有三種辦法可以將傳染的危險降至最低：

·不發生性關係。

·絕對確信雙方在此之前都未曾發生過性關係。

·堅持使用保險套。

如果你的性伴侶已經明顯地感染上這種病，唯一能避免你被傳染的方法是不發生性關係。一旦被感染，它們能很快地遍佈整個肛門部位。

大多數HPV對身體沒有害處，但是具有傳染性。雖然其中的一些不經治療也能痊癒，但是HPV病毒卻會一直停留在你身體內，而它們中的某些種類還可能導致子宮癌。如果你在感染期間懷孕，不幸得很，你未出世的寶寶也會感染這種疾病。

症狀：當你和HPV病毒帶原者發生性關係後幾個星期，或是幾個月甚至幾年後，你的陰道內外會有細小的疣出現。一些疣能用肉眼分辨出來，而另一些則不能。有些生殖器疣呈花椰菜狀，有些是平的，還有一些像是小膿皰。

治療：一旦發現立即找醫生檢查。你同時應該向你的醫生諮詢：感染期內，你是否可以發生性關係，以及如何保護你的性伴侶。

子宮頸抹片

子宮頸位於陰道和子宮之間，子宮頸抹片能檢查子宮頸內的任何可能變成癌症的變化，如果你已經有了性經驗，你應該每年做一次檢查。有許多非癌變性的變化也能被檢查出來，如果發現得早，癌症也可以治癒的。

生殖器皰疹

生殖器皰疹病毒有兩種：一號病毒和二號病毒。一號病毒經常引發嘴上的嚴重潰瘍，而二號病毒會引發生殖器起泡。一號病毒不全由性接觸傳播，而二號病毒只能透過性接

觸傳播，無論是陰道、肛門還是口傳播，都會立即起泡。

即使你和病毒帶原者發生性關係，你也有可能沒有被傳染——這依賴於病毒當時的傳染能力和你自身的抵抗力。但如果你的性伴侶的確帶有此種病毒，要想保證你自己絕對不被傳染，那就必須使用保險套或者不發生性關係。

從最初開始出現症狀，一直到結痂脫落，皰疹始終具有傳染性。它可以藉由手傳播到任何具有濕潤薄膜的器官上，例如嘴和生殖器。

一旦你感染了皰疹病毒，它將終身停留在你的體內，在行經期間它的活動能力會受抑制，但一旦經期結束它又會重新活躍起來。許多人感染了病毒後並不會出現症狀，以至於他們都不知道自己已經感染了皰疹，也不知道是何時感染上皰疹的。

生殖器皰疹很可能增加你患上膀胱炎的機率，同時它還會傳染別的性病。如果你即將臨產卻感染了皰疹，那你必須剖腹產子以避免你的孩子感染。

症狀：在你感染了皰疹的最初二至四天內，你的陰唇會有燒灼和搔癢的感覺。

直截了當

當你和男朋友討論性安全問題時，你一定會咕咕噥噥、面紅耳赤，但是你必須鼓起勇氣。不要因為下列的原因而打退堂鼓：

- 那太不好意思了。
- 你非常了解他。
- 這太直接了。

緊接著會出現小紅點，然後轉成水泡。這些水泡會很快變成潰瘍，當它們好轉時，先是結疤而後留下疤痕。除此之外，小便時會有疼痛感，有異物流出，同時伴有頭痛和發燒等症狀。有時皰疹的水泡並不明顯——僅僅是一個有一點破裂的小紅點。

治療：一旦你出現上述症狀，立刻去找醫生並做全面檢查（醫生會從水泡和潰瘍中採取液體樣本）。從發病的最初階段開始治療可以讓你感覺舒服一些，但無法阻止病情繼續深入（而且也會惡化）。了解你的病情可以讓你對以後的症狀有心理準備，並避免繼續傳染。你還應該與你的醫生討論你的病情是否嚴重到急需治療。

提示與指南：為避免皰疹的傳染，同時減輕你的痛苦，以下這些事是應該注意的：

- 接觸傷口後立刻洗手。
- 保持身體健康，因為一旦你的身體狀況不佳，皰疹極可能復發。
- 不要穿會擠壓到傷口的緊身衣褲。
- 出現症狀後確信你穿了內褲，並且在換下後立即清洗。
- 不要與他人共享衛生用品，例如浴巾。
- 保險套能否防止傳染取決於皰疹的生長位置。如果不能完全被遮蓋就不要發生性關係——也包括口和替代品。

順便說一句，你不會從浴盆和馬桶上感染皰疹。

肝炎

肝炎是一種常見的肝臟傳染病，其病毒可以分為六種——A，B，C，D，E和G——都由傳染引起。這是一種很麻煩的病，因為它會破壞肝臟的多種功能，例如分泌消化液、平衡血脂濃度以及阻止有毒物質進入血液。

B型肝炎病毒最為常見，也是最易由性途徑傳播的一種。它同時還能通過皮膚或黏膜組織的破損處傳播，所以，你還可能經由沒有徹底消毒的針頭（例如用於刺青和人體注射）、皮膚劃傷或是接吻傳染上這種疾病。帶有B型肝炎病毒的孕期婦女（有可能不發病但能傳染）還會將這種病毒傳染給胎兒。

症狀：B型肝炎的發病期很長，經常是在傳染後的六至十二個星期之內。嚴重的症狀類似於流行性感冒：

- 食欲下降。
- 疲倦。
- 發高燒。

更多訊息

如果你希望和某人談論性病，或是認為自己可能染上了性病，可以向你的醫生諮詢，或打電話給性病防治中心。

- 肌肉或關節酸痛。
- 噁心嘔吐。
- 腹痛。

其他的症狀還包括：

- 黃疸，你可以注意到你的皮膚和眼白發黃。
- 小便色暗。
- 大便發白。
- 搔癢。

治療：醫生會先採集血樣化驗病毒，而後進行特殊治療，百分之九十五的病人能痊癒。你能透過注射疫苗預防感染。

淋病

淋病細菌能同時侵入尿道和子宮，如果不及時治療，它將蔓延至輸卵管進而導致不孕，或者傳染給你的性伴侶。

症狀：婦女往往完全不出現症狀，只有發現性伴侶出現淋病症狀時才能意識到自己已經被感染。和帶有病原體的性伴侶發生性關係後二至十四個小時，會出現以下症狀：

鹽水浴

有效而便宜的減輕皰疹疼痛的方法，用鹽水洗〔熱水，如果你喜歡的話〕。一杯水裡加1/4勺的鹽。

- 有難聞的、黃色液體流出。
- 尿頻。
- 小便伴有燒灼感。
- 腹部和關節痛。
- 出皮疹。
- 發燒。
- 發冷。
- 肛門感染。

治療：淋病能被很容易地檢查出來，並用抗生素治癒。

梅毒

雖然不很常見，但後果相當嚴重，由侵入陰唇皮膚的細菌引起。

症狀：在與帶有病菌的性伴侶發生性關係後二至十二星期內，在全身各處出現無痛潰瘍。它們很容易治癒但細菌會保留下來。

治療：梅毒發作會有四個階段，都能被發現並被治癒。

HIV病毒和愛滋病

愛滋病全稱為「後天免疫缺乏綜合症」，由HIV病毒（人體免疫缺損病毒）引起，大多數由不保護的性交和與吸毒者共用針頭傳染。如果在陰道和肛門性交時使用保險套保護，可以避免HIV病毒的傳播，而一般來講口交不會導致傳染，除非射精。如果直接血液接觸，傳染的機率會增加。澳大利亞最早的愛滋病病例發生在同性戀者和毒品注射者中，但現在異性戀中的傳播更為廣泛。

和HIV病毒帶原者皮膚接觸、接吻、共用食具、馬桶、電話或輸血都不會導致傳染。但是，必須保證刺入你皮膚的針具被完全徹底地消毒過。

症狀：在最初感染的三周內，症狀類似於流行性感冒，並不是每一個受感染者都會出現這些症狀。有時被傳染二至七年後才會發病，而一旦病毒開始發作，它就會損傷白血球細胞並攻擊人體免疫系統（幫助人體抵擋外界侵染的系統），於是不久後人體就無法抵抗哪怕是最普通的疾病。這種由HIV病毒引起的疾病就被稱作AIDS（愛滋病）。

治療：HIV病毒能在傳染後的三星期內經由血液化驗檢查出來，雖然不可能完全被治癒，但是經過治療，症狀可以有所減輕，病毒的活動能力也將被抑制。同時，愛滋病患者還需要社會的以及情感的支持。

性行為

年齡未到，並不意味著不能事先知道遊戲規則吧，雖然一夜激情還不能在你的節目單上出現，你也一定已經對將要發生的事有一點期待了吧。

緊張是正常的

你甚至可能會非常緊張。事實上初夜並不是充滿了燭光和輕音樂的浪漫回憶（並不像電影裡的那樣，那樣需要實踐）。

在那種時候，你想知道在他眼中的你是什麼樣子的，想知道明天早上睜開眼睛時你們之間的感覺，你甚至還想知道避孕措施

有沒有用。而他呢，他想知道他的傢伙是不是夠大，想知道他有否勃起，還想知道他是否能在你筋疲力盡後再結束戰鬥。你們的第一次就是這麼糟糕，告訴你實話吧，這種糟糕的局面還會持續很長一段時間。

正確的態度

不要過於擔心你是否知道如何去做，當時間來臨時，你的本能會引導你沉入激情的海洋。一切都是新的，因而開始時你會覺得非常不舒服，所以一個溫柔而耐心的男朋友此時就顯示出他的魅力了（毫無疑問，他也需要你的耐心）。一些女孩子在初次體驗時會覺得很疼，似乎是受傷了，這往往是因為準備工作沒有做充分，以至於她還沒有完全「濕潤」。

經常和同一個性夥伴發生性關係有助於提高性生活的品質，但是有時你也會發現你的性生活並不如你所想，或如你所願。如果你不能準確地將你的性感受描繪出來，你就千萬別責怪你的男朋友和你自己。試著和他一起討論，並共同解決這個問題。

準備工作

開懷大笑有助於你趕走緊張，所以，先一起輕鬆一下吧。你們可以先互相按摩或一起洗個芳香浴。這就像在玩一場困難的遊戲或打籃球之前你要熱身一樣——它

能使你們的身體和頭腦一塊兒進入性的情緒中。準備工作的關鍵是要感性或說性感，這和性還不是完全一樣。性感包括以下感覺：

• 觸覺——輕柔的撫摸和觸擊。
• 味覺——除了和他的舌頭糾纏之外，你的舌頭還能做很多的事情。
• 聽覺——你的男朋友在你耳邊呢喃的是什麼？
• 視覺——彼此的臉和身體有多美。
• 嗅覺——畢竟，是化學反應讓你們走到這一步。

和性一樣，準備工作也能帶給你的性伴侶愉悅（你自己也一樣），問問他喜歡什麼，並且告訴他你喜歡什麼。或許你們能：

• 用你的手指在他的臉上和身上輕劃。
• 輕舔、輕吻他的耳垂。
• 輕舔、輕吻他的嘴唇。
• 吻他的胸膛。
• 吻他的脖子。
• 拍打他的臀部。
• 搔他的腳趾。

另一些選擇

和你的男朋友做愛並不一定要性交。有很多種方式都可以令你們既享受到快感，又不必來真的。比如說，溫柔地撫摸對方的性器官就是一種很安全的方式。

・給他一個蜻蜓點水般的吻。

用手來進行

如果你曾經手淫，你就知道怎樣用手來進行了。而現在，你們可以用手來安慰對方。

你或許對女孩的方式非常熟悉，但是這和男孩的方式並不完全一樣。他們往往用一隻手緊緊握住他們的陰莖（而不是死死地），然後上下移動，當快感增加時，其動作的速度也增快。當他們達到高潮時會射精，並體驗女孩們能帶給他們的快樂極點。

> **性感的方式**
>
> 用芳香油來為對方按摩比性的感覺更好。將五滴茉莉、玉蘭或玫瑰香水滴在杏仁香精中（或其他的植物油），讓你的男朋友背朝上躺著，然後從足底到背再到肩膀進行按摩，然後輪到你。

性交

當一個男孩子欲火中燒，血壓增高，血液會流向他的陰莖並導致其勃起。這個過程可以持續數分鐘，甚至僅僅因為在回家的校車上想到關於性方面的事情，也能發生。

一般來講，要激起女孩的性欲所花的時間要長一些——這也是她們為何鍾情於準備活動的原因。（你曾聽說過一位澳大利亞男人對準備活動的態度嗎？「你醒著嗎？我的小妞。」）當你的血壓上升，陰唇和處女膜附近會受影響，陰道開始分泌黏稠的物質以便於陰莖更易進入。如果你還不是完全「濕潤」，那他的進入將會很困難。

現在，你的男朋友可以將他的陰莖插入你的陰道內了——經常還需要你的手的指引——然後在臀部的支撐下有節奏地移動。運動和接觸能刺激他的陰莖和你的陰唇與陰道。你們越來越熱，最後達到高潮，然後以你的男朋友的射精而告終。你們也許不會同時到達高潮——在這種情況下你可以繼續隨著他移動直到他射精，或者他可以用手指來幫助你。

用口來進行

對你來說這似乎不可思議，但在很多夫婦中這很普遍。口交被認為是不怎麼冒險的一種，但如果你的嘴周圍有傷口或潰瘍，你還是應該做好保護措施預防性病。你可以用保護薄膜蓋住陰部或肛門，或者用保險套套住陰莖。你的嘴上有嚴重的傷口時最好不要進行。正如其他的性交方式一樣，如果這種方式不在你的接受範圍內，你應該說出來。

用肛門來進行

這意味著一個男人把陰莖插入你的肛門或直腸。很明顯，同性戀者通常採取這種方式，但異性戀者有時也採用。有些女孩覺得這樣做很疼，或者不能帶來快感，

如果它同樣不適合你，那麼你就說出來，這很重要。

未婚媽媽

沒有避孕的性交會令你懷孕。如果你在非常年輕的時候就做了媽媽，那意味著你失去自由和少女的快樂，也不會有一個十幾歲的男孩子想承擔起當爸爸的責任的。伴隨著孩子的到來，你必須在未來的幾年中二十四小時守著他，還必須為了他的前途而攢錢。

打破迷信

在青少年的成長過程中我們並沒有給他們足夠的性教育，所以現在我告訴你，不要聽信以下的說法：

・行經期間你不會懷孕

這不對，尤其是你的月經週期很短，又在你行經期末尾時。

・行經期間不能發生性關係

也不對——除非你們誰也不願意。這只是個人意願問題，而事實上很多婦女在行經期間更加興奮。也許會弄得一團糟，但一張深色紙巾就能掩藏你的尷尬。

・一旦你和一個男孩子上床，你們就成為戀人

不對——有時這個男孩甚至在第二天早上不願意和你說話，或在背後誹謗你。

・如果男孩已經達到高潮而女孩還沒有，意味著這個女孩性冷感

不對——有時可能一同到達高潮而有時不會，這不能被看作是否性冷感的標誌。

・當你和男孩子發生性關係時，他可以知道你是否是處女

不對——他唯一知道的方式是你告訴他，因為沒有任何生理上的方式能讓他分辨出來你是否是處女。

「朋友」強暴朋友

當你聽到「強暴」這個詞時，你經常會想到一個女人晚上獨自走路，然後被一個男人襲擊。強暴並不是只有陌生人才做得出來，你也有可能被一個你認識的男人強暴。他可能是你的男朋友，一個只和你約會過一兩次的男人或一個你剛剛認識的男人——換句話說，一個你認為是朋友的人。拋開沒被報導的強暴事件不說，即使在已報導的事件中就有很多受害者認識攻擊她的人。

這是什麼？

這種強暴是指某個你熟悉的人，在你不願意的情況下，強迫你進行性交。它會給你的身體和精神同時帶來巨大的傷害，因而事實上已經構成暴力。暴力手段不只

是包括身體上的，還包括恐嚇或威脅。

強迫女友性交的男人不會被認為是強暴犯，事實上，大多數被認識的人強暴的女孩也不會意識到這構成強暴的事實。

這是如何發生的？

約會時的強暴往往是在女孩與男孩在臥室或汽車裡獨處時發生的，有時也會有其他人在近旁——比如說樓下在開舞會而你一個人在樓上臥室，或是你們的車子旁邊有別的車。

你越注意到約會強暴發生的可能性，就越能避免可能導致強暴的情況出現，這些情況包括：

- 太粗心而沒有意識到將發生些什麼，甚至在將要暈倒時去找一個曾和你發生過性關係的男人。
- 你本來應該少喝甚至不喝酒的，但是你卻把約會搞成了狂喝濫飲和肆意放縱。
- 你可能認為你們只是朋友，可是他把你的信號當成了性暗示。
- 他以為你說「不」時意思是「也許」，當你反對時他覺得他能說服你。
- 你不想發生關係，可是他認為自己上當受騙，遭到拒絕，因而發怒。
- 他認為你可以和任何一個人做，包括他。

・他和很多人談情說愛過後，他渴望性。

你能做什麼？

你可以做些事，將受強暴的機率減至最小：

・想清楚什麼時候、和誰、在哪裡、怎樣發生性關係——別讓你自己「一切隨機」。

・如果你剛剛認識他，多和他約會幾次以保證你更能了解他。

・清楚肯定地溝通——當你說「是」時，就是「是」；當你說「不是」時，就是「不是」。

・設置界限，不允許他做你不同意做的事情——這是你自己的身體，你完全可以說「不要碰我」或是「我要走了」。

・當他強硬時，你也不必保持禮貌。

・注意你確實沒有給他性暗示，比如聲調、手勢和眼神。

・保持獨立和清醒——如果你正在參加的聚會開始變得瘋狂，選擇離開。

・相信你的感覺——如果你感到被壓迫，相信那是真的。

・記住酒精和毒品是強暴的催化劑。

・確信你身上的錢足夠回家，或是有能力出門。

告訴別人

如果你被強暴了，你需要告訴某個人，比如你媽媽，以得到精神上的安慰。或許你更希望找專門的諮詢員訴說，你可以在電話號碼簿上找到他們的電話。

• 不去那些讓你感覺不舒服，或你不想去的地方。
• 不要去那些你們不能控制主動權的地方——比如說當家裡沒有人時，去你家或他家。

第六章
毒品

對付毒品

你吸毒的原因不止一個，可能你認為這有助於你進入某個團體，讓你開心，離開單調厭煩的生活，或者你僅僅只是有點好奇，希望能多體驗一些。

正如所有重要的決定一樣，是否吸毒最終取決於你。你知道這是否合法，也知道你的父母對此的態度。即使因此而墮落，那也是你的選擇——正如你選擇保持自己身體和頭腦的健康一樣。答案取決於你自己，而不是你將為此受到的懲罰。最重要的是知道毒品對你的影響，這樣你才能做出選擇，並且不會在需要幫助時感到害怕。

仔細討論

通過討論你能更容易地知道自己為什麼想要吸毒，吸毒的理由可能包括：

- 想嘗試一些新的東西。
- 朋友鼓勵你試試。
- 希望別人為你歡呼。
- 渴望逃避。

給誰打電話

當你希望交談時，找到能了解你，並值得信賴的傾聽者很重要。你可以打電話給學校的輔導老師或是張老師熱線。

・引起你父母對你的關注。

・感覺更成熟。

雖然經驗是人生的一部分，尤其是當你成長時。但是，毒品不會治癒悲傷和疼痛——它只會暫時把它們藏起來，它也不會令你成熟，僅僅能表示你易受別人影響（如果你只是想得到同齡者的承認的話）。

與別人交談會有助於你弄明白自己到底為何想要吸毒。朋友們往往不適合一起討論這種問題，因為他們自己也想知道為什麼。和年長的人或與這件事有一定距離的人一起討論，才能讓你得到真正的幫助。

到了現在，你應該最清楚你的父母能否與你討論毒品問題，以及他們會不會勃然大怒。你必須知道他們如何看待吸毒問題——當然，他們也可能從骨子裡反對吸毒，但表現得很平靜。如果你的愛情牢不可摧，那很好，你可以和男朋友討論那些困擾你的問題；如果你沒有，試著去建立一些其他的良好關係，這樣，當你需要幫助時才不會孤苦無依。

如果和你的父母交談不是一個好主意，你的朋友不是都有父母嗎？你可以求助於那些比較易於接近的，或者打電話獲得專業諮詢服務。

記住，父母們並不知道如今毒品是如何獲得的，也不會知道毒品有多麼容易獲得，雖然我們鼓勵你與你的父母交談，但是無論他們說什麼，他們的時代畢竟已經過去了。

吸煙

問任何一位吸煙者，他或她都會告訴你戒煙有多麼困難。通常情況下，你嘗試吸煙只不過因為你想知道那是什麼滋味，或者你認為這樣讓你看起來更成熟。或許你這麼做是因為焦慮，希望有什麼東西能幫助你解決問題；或許你吸煙只是因為別的女孩都這麼做。不管什麼理由，你還是應該更成熟一些，才能承受吸煙帶來的壓力。

無論是香煙、煙斗還是雪茄，真正的內充物是乾煙草葉片。正如酒精一樣，法律規定煙草製品不能出售給十八歲以下的未成年人，所有的煙草零售商在向青少年出售煙草製品之前都必須要求他們出示年齡證明。

戒煙的吸引力

除了對你健康的傷害，戒煙還可以是因為別的原因：

- 吸煙使你喪失魅力。
- 散發異味——你的頭髮、衣服甚至呼吸中都有這種味道，任何一個不吸煙的人都能輕易聞到。
- 傷害你的頭髮和皮膚。
- 令你不受歡迎——對你週圍的人來說，香煙不僅惹人討厭，而且對身體有害。

影響

你不需要誰再向你指出吸煙有害健康——在每一個煙盒上都已經有了明確的標注。吸煙的危害對每個人是不同的，在澳大利亞，吸煙最大的危害是引發與毒品有關的疾病。煙草中包含四千多種化合物，其中的一些能導致心臟和肺部疾病，還有四十三種已被證實能導致癌症。

煙霧中有三種主要的化學成分：尼古丁、焦油和碳化合物。尼古丁是導致對煙草依賴性的主要物質，它具有很強的毒性，能影響心跳頻率、增高血壓和降低血液循環。焦油是四十三種致癌物質中的一種，也是香煙霧中含量最大的物質，吸入過多容易導致呼吸系統疾病，因為它會降低支氣管的內壁彈性。碳化合物是一種有毒氣體，它能增高循環系統疾病的發病率，如動脈硬化、冠心病等。

依賴性

煙草被認為比海洛因更易使人上癮，吸煙者往往極度依賴於它。這意味著他們必須不斷增大吸煙量，以得到同樣的感受。

戒煙

戒煙常會出現戒毒過程中所出現的症狀，它們一般會持續三週左右，包括：

- 暈眩，頭重腳輕。
- 頭痛。

・食欲下降。
・失眠。
・咳嗽。
・強烈的吸煙願望。

健康事實

完全接受健康警告似乎是一件很難的事情，人們常常會想，這些情況是會發生，但不一定發生在我身上。但是：

・即使是一位每天吸煙少於十五支的女孩，也有可能減少五又二分之一的壽命。
・你每吸一根煙，你的生命就減少幾秒。
・男女之間的壽命差正在縮小，因為現在男女都吸煙。
・青少年吸煙者患肺病的機率遠大於成人，因為他們的肺還沒有發育完全。
・如果你打算要個孩子，你必須知道十分之一的胎兒因為母親吸煙而流產。
・母親吸煙的孩子一般身材矮小，而且更容易出現發育不良。
・有研究表明，母親在懷孕期間吸煙容易導致流產、難產、早產嬰兒疾病和嬰兒突然性死亡綜合症。

飲酒

只需要一杯，你就開始感覺放鬆……再多一點，你就徹底輕鬆了。你開始有勇氣說平時不敢說的話，並且覺得自己非常非常好笑。這就快是一次瘋狂的聚會了——是的，它是，直到你開始覺得有些怪異並逐漸清醒。有時，當你有一點醉時，你會做一些自己不希望做的事。

當然，當你情緒低落時，兩杯酒會讓你重新振奮起來；當你萬事順利時，它能讓你更加開心。在參加聚會或和朋友出去的時候，它能幫你放鬆、少一些拘

謹。但兩杯下肚之後，要想拒絕第三杯就難了，因為現在你已經感覺自己在膨脹了，而且似乎每個人都會勸你再喝一點，再多喝哪怕一點。

將酒精飲料賣給十八歲以下的未成年人，或為自己的利益私藏酒精飲料，都是違法行為。

酒是穿腸毒藥？

任何改變人的身體和頭腦運作方式的物質都可以被認為是毒藥。酒精能麻醉大腦和神經系統，因而也可以被認為是澳大利亞境內最常見的毒藥。

影響

有節制地飲酒對大多數人並沒有害處，但經常性的飲酒過量能導致健康問題、個人的和社會的問題。其中，健康問題包括：

- 損害肝功能。
- 心跳和血流不規律。
- 經期紊亂。
- 胃炎。
- 記憶力喪失和大腦損傷。

情感和社會問題可能包括：

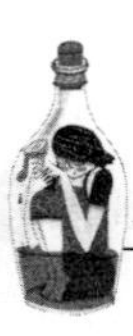

- 壓抑。
- 親情問題。
- 學習成績下降、表現惡劣。

飲酒對你的影響取決於：

- 你喝了多少。
- 你是否經常飲酒。
- 你的情緒，例如，如果你正處於悲痛之中，你會喝得更快、更易醉倒。
- 你是否空腹。
- 你是否服用其他有毒或有副作用的藥品。

能喝多少？

成人的肝臟能在一小時內代謝三十毫升的酒精，而兒童和青少年對酒精吸收得更快，肝臟的代謝能力卻不如成人強。你的體重越輕，你能承受的酒精量越少。

標準的飲酒量是十克酒精。作為一般性的指導，葡萄酒的標準飲量大致是一百毫升的酒杯，其乙醇含量應為三十毫升。一聽極限容量的啤酒所容納酒精量高出標準量二分之一，一瓶葡萄酒高出標準量六倍，而七百五十毫升的乙醇高出標準量二十四倍。當然，當你把酒倒進自己身體時，你才不會想到你從瓶子裡倒了多少出來

呢，對嗎？

為了保證你心裡對飲酒量大致有個數，你應該在每次將酒杯斟滿之前將酒喝乾，否則你就無法說出你到底喝了多少杯。

慢慢地喝，這樣你能給你的身體更多的時間將酒精揮發掉，以避免它們全部進入血液和大腦。記住一定要先吃點東西——飽腹喝酒能降低酒精的吸收率。避免將酒精與碳酸飲料混合，因為那些氣泡會加速你的血液吸收酒精。

醒酒

酒精能被肝臟分解，但是健康的肝臟在一小時之內只能分解掉大約一個標準量的酒精。因此醒酒需要時間。

也許你會認為黑咖啡、冷水浴、運動或嘔吐有助於你醒酒，但事實上它們中沒有一種能加速肝臟的活動。嘔吐只能吐出在胃裡的酒精殘留物，因此你最多能吐出最後那一杯。冷水浴和黑咖啡可以讓你感覺清醒一些，但是也同樣不能降低血液中的酒精含量。

酒後駕車

別讓任何剛喝過酒的人開車送你回家，即使這意味著你必須自己叫計程車回

女孩子應少喝酒

因為女孩比男孩更少肌肉，更多脂肪組織，所以體內有更多水分可以讓酒精進入。這意味著同等體重的情況下，女孩能吸收更多的酒精到血液中。

家、或麻煩你父母來接你。如果你晚一些叫醒他們，他們一定會咕咕噥噥地抱怨半天，但這總好過車禍吧。你要學會照顧好自己。或許你可以在離家之前先假定自己會喝醉，或是當你發現你正處於容易喝醉的情況時，提醒你的父母你可能會出現的情況。

酒後不良反應

令人恐慌的是酒後反應，那是真正的中毒症狀。最嚴重的酒後反應甚至可以持續十四至十五個小時。其症狀包括：

- 頭痛
- 噁心
- 暈眩
- 口渴
- 發抖
- 可能還有嘔吐

時間是解決酒後反應的唯一辦法。然而幾乎在任何情況下，你都可以藉由吃止痛藥緩解頭痛、喝流質彌補脫水，吃易消化、富含碳水化合物和糖分的食物緩解噁心（比如加了鹽的果汁和蜜糖水）。

遠離大麻

大麻是最常見的非法毒品，這意味著你們之中的很多人一生中至少曾吸過一次帶大麻的香煙。如果你這樣做了，你必須了解你正在做什麼，大麻並不是對人體無害的東西。

大麻是一種植物，古代用於製作衣料和繩索。從大麻中提取的毒品主要有三種：大麻煙、哈希什（從印度大麻中提取的可供咀嚼和吸食的麻醉品。——譯者注）、哈希什油。大麻中令人興奮的成分叫做THC；大麻中含有的THC越多，藥性就越強。

由於在過去三十年中選擇性栽培大麻的出現，大麻葉和花中THC的含量比十年或二十年前高了三至五倍。這意味著你吸的大麻可能跟你父母吸的完全不同。

大麻煙

大麻煙從烘乾的大麻葉和花中提煉出來，常裝入水煙斗或手捲香煙中吸食，也能放入餅乾一類的食品中食用。它還被稱作「草」、「興奮劑」等等。

哈希什

大麻樹脂，常被壓縮製成塊狀或油狀，常用來和煙草混合吸食，也能放入食物

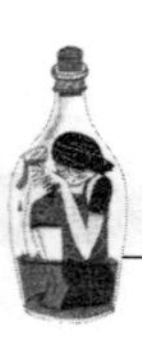

中食用。哈希什中的THC含量是大麻葉中的三十倍。

影響

和其他的毒品一樣，大麻對人體的影響取決於：

- 吸食的數量。
- 個人吸食的歷史。
- 自己的期待。
- 個人情緒。
- 毒品吸食的方式。
- 毒品的質量和純度。

吸食毒品的第一個小時內藥效最強，並且一直持續三至五個小時。

少量的大麻會讓你爛醉並產生滿足感，同時你會比平時更喜歡說話和大笑。由於情緒、經驗和吸食種類的不同，還可能導致焦慮和妄想。它對你的生理會產生以下影響：

- 引發潛在精神病。
- 降低協調性，影響駕駛能力。
- 降低集中注意的能力。

・使眼睛變紅。

・經常性饑餓。

高劑量的大麻會加劇以上影響，同時還會損害你對時間、聲音和顏色的感知能力，吸食時的興奮、焦慮和迷茫感也會增強。雖然看起來小劑量的大麻並不會導致長期疾病的產生，但長期大劑量的吸食者就會出現相當嚴重的問題，包括：

・失去激情

・喪失記憶力

・降低學習能力

・增加支氣管和呼吸道疾病的發病率

長期吸食者會對大麻產生心理依賴，情況嚴重的會發展成生理依賴，並增強抗藥性。這意味著他必須越吸越多以保證得到同樣強的感受。

戒毒

大多數吸食者在停止吸食後並不會出現身體上的不適，但是也可能會有一些症狀，比如：

・失眠。

THC在體內的沉積

大麻煙可以被肺、大腦、肝和脾臟中的脂肪組織所吸收，並停留數星期。因此，長期吸食大麻者的身體中可能有大量的THC沉積。

- 焦慮。
- 大量出汗。
- 腸胃不適。

幾天後這些症狀就會消失，只有睡眠問題會持續得長一些。

搖頭丸的實質

你曾經歷過在搖頭丸的作用下而完全瘋狂的聚會嗎？有人認為那簡直是死亡的舞蹈，但是最近有研究顯示，它對人體長期持久的影響遠比它的劇毒可怕得多。一次狂喜可能導致以後數年的壓抑，或者類似於帕金森綜合症的身體全面老化。

搖頭丸是甲基二氧化美沙安非他命（MADA）的常用名，這是一種能加速中樞神經系統運作的人造毒品。其他的毒品，例如海洛因、安非他命和可卡因都可以用作它的成分。搖頭丸經常被做成大小不等、顏色各異的藥片出售，有時它也被製成粉末從鼻孔吸入或身體注射。

影響

服用後一小時開始起作用，以後的六個小時內是藥效高度發揮作用的時間，並

可以一直持續三十二個小時。它對人體的影響取決於：

‧服用的劑量。
‧以前是否服用過。
‧你的情緒。
‧如何服用。

搖頭丸當時的效果包括：

‧增強自信心、滿足感和與他人的親密感。
‧血壓升高，體溫升高，心跳加速。
‧牙關緊咬，並開始磨牙。
‧大量出汗。
‧脫水。
‧噁心。
‧身體僵硬。
‧焦慮、絕望。

為了對付單獨服用出現的「副作用」，搖頭丸經常和其他的毒品混合吸食。到目前為止，我們對這種混合吸食所造成的傷害還知之甚少，但一般來講，這樣做會使身體所承受的危險性更大，尤其是大劑量的時候。

你對搖頭丸也會產生抗藥性，因此你必須服用更多的劑量以獲得同樣的感受。但是，這同時又會造成幻覺、行為失常、嘔吐和痙攣。過量服用搖頭丸會導致死亡——因高燒和脫水而死，這也是長期服用搖頭丸會傷害大腦、心臟和肝臟的原因。

飲水

服用搖頭丸——常伴有身體行動，如跳舞——能讓體溫升高，所以必須大量喝水以補充失去的水分，但喝水又會使藥效降低，對一些人來說還會導致某些綜合症的發生。如果服用搖頭丸的同時又喝酒，會令情況更加糟糕，因為酒精也能導致身體脫水，而且它還會使你無法感受自己身體所能承受的劑量。這一切都需要慎重對待。

後期反應

搖頭丸造成的不良反應可能會持續好幾天，長短取決於毒品製作的方式。其症狀可能包括：

- 食欲全無。
- 失眠。
- 壓抑。

・肌肉酸痛。

・注意力無法集中，尤其是在第二天。

吸食劑

很難想像漂白粉和空氣清新劑也能被用作毒品，但有的男孩就這麼做了。因為這些東西製造的目的不是讓人吸的，所以它們常常含有有毒成分，以及能導致癌症和白血病的物質。

年輕人在哪裡吸食這些溶解劑也是個問題，對他們自己的權利來說，在鐵路線旁和屋頂上吸食是危險的，而一間通風很差的房子和一根火柴也可能是致命的。

影響

用鼻孔吸入溶解劑、煙霧和噴霧劑的煙霧會讓人產生醉酒的感覺。你會覺得更少拘束、無法保持平衡和噁心想吐。

它的作用來得比酒精更快，因為它不需要經過胃就直接進入肺，這意味著肝臟無法發揮它的解毒功能。同時，它的效果只會持續一至五分鐘，在三十至六十分鐘後徹底結束。這之後會不時出現後期反應和頭痛。

重度服用者會有頭痛、肌肉抽筋和腹痛等症狀，少量吸食不會對身體造成長期性傷害，但如果長期吸入殺蟲劑、清潔劑之類的噴霧劑會傷害腎臟、肝臟甚至大腦；長期吸入含鉛汽油會導致白血病和癌症，因為鉛會在人體內沉積；還有一些會導致你的孩子患上無法修復的染色體損傷、先天性疾病、癌症和白血病。吸入那些不是用來吸食的東西不是什麼好主意。

安非他命

一種興奮劑，在二次大戰中用來幫助士兵抵抗疲勞和忍受痛苦。學生們用來通宵熬夜，卡車司機用它保證自己在長途旅行時不犯睏。節食藥片和其他的興奮劑也有這樣的作用，但安非他命的作用更強。

安非他命能刺激並加速中樞神經系統的工作，非法製造的安非他命是白色的粉末，有時也是液體，被稱之為「牛血」（因為它有血一樣深紅的顏色）。如果被用作醫學用途，如治療抑鬱

突然性吸食綜合症（Sudden Sniffing Syndrome）

我們無法說出某人是否會得到突然性吸食綜合症（SSS），吸食後的劇烈運動或突然的打擊都可能導致吸食者心臟衰竭。這種病症被認為和噴霧劑、丁烷和清潔劑有關。

症，則是白色藥片狀。粉末和液體中常常會摻有其他毒品，你無法分辨裡面究竟有些什麼。私人持有安非他命是非法行為。

影響

安非他命和大麻的影響相似——腎上腺激素分泌突然增多，但不會有吸食大麻後的麻痺感。正如大多數毒品一樣，它的藥效取決於質量、純度、劑量，服用史、情緒和服用方式。

極小劑量的安非他命會導致：

- 滿足感和自信心。
- 充滿活力，思維敏捷。
- 食欲下降。

但是，大劑量地服用會降低人體腎上腺激素的分泌，並引起生理疾病——劑量不同，程度也不同。這些影響包括：

- 加快心跳和呼吸頻率。
- 心臟急速跳動。
- 焦慮、緊張或激動。
- 大量出汗。

處方安非他命

在澳大利亞，安非他命只能被用來治療極少數的疾病，包括無法控制性睡眠、兒童過動症。

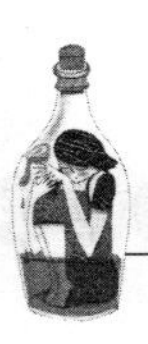

・暈眩。
・心律不整。
　長時間服用安非他命會導致：
・營養不良。
・抵抗力下降。
・情緒不穩定。
・幻覺、幻聽之類的心理疾病，包括耳鳴、妄想狂和迫害狂等症狀。
　長期服用安非他命會導致藥物依賴，因此你必須服用更多的劑量以獲得同樣的感受。過量服用會導致：
・大腦失血。
・心臟病。
・高燒不退。
・昏迷。
　經常過量服用還會導致突然死亡，但大多數死亡原因是服用時的外界突發事件。

戒毒

如果一個對安非他命已經產生依賴的服用者開始戒毒，他必須在醫生的指導下停止服用，或逐漸減少服用量。戒毒期間可能出現的症狀有：

- 疲倦。
- 饑餓。
- 精神萎靡。
- 失眠。
- 易怒。
- 焦慮。

在抑制劑的作用下

正如名字向我們揭示的那樣，安定劑常被醫生用來使病人入睡或減輕焦慮。它們不能大劑量服用，不能與酒精、止疼藥、治療咳嗽、發寒或過敏等疾病的抗組胺劑一起使用，因為這會導致昏厥、呼吸停止乃至死亡。

許多安定劑都屬於毒品範圍之內，最初它們被用來治療焦慮症。如果不是由醫生開處方，使用或擁有這些鎮靜劑都是違法行為。

影響

鎮靜劑和安定劑一樣，能被吸收進入血液，並影響中樞神經系統。它們能降低生理、智力和情感的反應速度。

常見的短期反應包括：

- 放鬆。
- 昏昏欲睡。
- 暈眩。
- 迷茫。
- 情緒不穩定。

常見的長期反應包括：

- 呆滯、冷漠。
- 易怒。
- 噁心。

鎮靜劑一定能讓我從煩惱中解脫出來

・性冷感。

・食欲大增，體重增加。

經常性服用鎮靜劑四至六週後就會出現對其生理和心理上的依賴，抗藥性也會同時出現，此時人們就必須攝取更大的劑量以獲得同樣的效果。因此，醫生只會開出短期服用劑量，同時會不斷控制它的使用。

戒服

如果開始停止服用鎮靜劑，或是逐漸減少鎮靜劑的攝入量，他或她會經歷以下症狀：

・睡眠問題。

・緊張。

・肌肉疼痛。

・疼痛。

・心情壓抑。

如果某人持續服用鎮靜劑超過二至三星期，就不能突然停止使用，而應該在醫生、藥劑師或其他健康工作者的指導下逐漸減少攝入量，時間大約為數月。如果可能的話，這個過程最好在生活穩定期間進行，並輔以其他的放鬆技術和特殊護理，

以幫助恢復。

危險的旅途

能改變人們的感知能力，並讓他們看見或聽見根本不存在的東西的毒品叫做迷幻藥，它們同時也能改變你對時間和情緒的感覺。很明顯，有能力這麼做的東西必然會同時給你的大腦帶來損傷。

一些迷幻藥可以在自然界生物中找到——例如仙人球毒鹼，墨西哥仙人掌中的提取物；還有麥角酰而乙基酸胺，一種從實驗室中製造出的化合物，這種物質白色、無嗅、無味，常被泡製成易吸收的小方形紙片並口服，每一片就是一次的劑量。但是，無論是它們的擁有、使用還是販賣都是違法行為。雖然大劑量的大麻、搖頭丸和可卡因都能導致幻覺的產生，但它們並不被認為是迷幻藥，雖然都是違法的被禁產品。

你在何處服用以及服用迷幻藥時的情緒會對服用迷幻藥的效果有很大的影響，根據服用種類的不同，其作用可以維持十二小時或更長的時間。如果你當時感到高興和平靜，那麼萬事如意；但是如果你當時情緒不佳或是剛好生病了，那麼服用後對你來說簡直是一場噩夢。

影響

正如大多數毒品一樣，迷幻藥的藥效取決於服用的方式、服用的劑量、藥品的質量和純度、服用史以及是否和其他的毒品一起服用。服用後半小時開始發揮藥效，三至五小時後達到頂點，迷幻的感覺可以一直持續十二小時或更長。同時，迷幻藥還將引發潛在的智力、精神疾病。

服用迷幻藥後產生的幻覺，對每個人來說都不相同，有美好的，也有夢魘般的，包括緊張、焦慮、恐懼和無能為力。即使是同一種迷幻藥也能給你帶來截然相反的感受。其他的影響還包括：

- 時間過得慢了。
- 感覺不現實。
- 感覺和身體分離，無法集中注意力。
- 強烈的感覺體驗，如很亮的顏色和感覺混亂，比如說「聽見某種聲音」。
- 體溫升高。

人們很少經常性、有規律地服用迷幻藥，但是一旦他們這麼做了，他們會很快地產生對迷幻藥的抗藥性，這意味著他們要服用更大的劑量以得到相同的感受。經

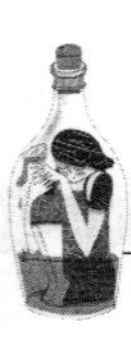

常服用迷幻藥的人若無法得到它們，就有可能產生心理的依賴並熱切地渴望重新獲得。迷幻藥產生的幻覺是一種不安全的現象，極有可能導致事故性死亡。

聞得見的糖？這是可卡因

你曾在電影上見過這個鏡頭的不同版本：明星們把他們用身分證磨的白色粉末均勻地灑在咖啡桌上，然後吸到鼻孔裡。或是躲在廢棄的房屋中抽可卡因。

可卡因，一種從古柯的葉片中提煉出來的毒品，能刺激並加速中樞神經系統的運作，它能導致類似腎上腺激素分泌突然增多帶來的「飛躍」的感覺，也被稱作冰毒或「C」。它可以被注射、用鼻孔吸入，或製成固體被吸入。固體可卡因比乳化可卡因濃度更高，藥效發揮得也更快。無論是持有、使用或是販賣可卡因都是違法行為。

影響

可卡因的藥效取決於毒品的質量和純度、攝入量和攝入方式，以及服用者當時的情緒。它常常用澱粉、滑石粉和鹽或其他毒品稀釋。

短期效果在一次服用後立即出現，持續時間從幾分鐘到幾個小時不等。服用時會出現滿足感，注意力和活力也能得到提高。它同時有麻醉效果，使吸服者的鼻黏膜失去嗅覺。其他的影響還包括：

‧食欲下降
‧心跳加快
‧體溫升高
‧瞳孔擴大
‧行為放肆
‧無法判斷危險

因為可卡因的毒性能迅速地為肝臟所消解，而且藥效能很快消失，所以人們常常連續性地小劑量服用。服用一段時間後必須越服越多才能得到同樣的「飛躍」感，因而用不了多久人們就會依賴上它。

大劑量的服用可卡因會導致：

‧頭痛。
‧失眠。
‧無法休息。

古柯葉

距今約二千多年前，生活在北美洲安第斯山脈附近的印地安人，利用古柯葉提取物來減少饑餓和疲勞。十九世紀末，可卡因開始用來減輕病人的焦慮和壓抑，直到一九〇三年，人們才發現它對人體的害處。

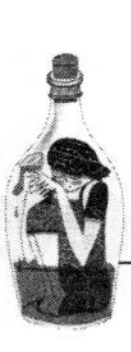

• 暴力行為。
• 無法集中注意力。
• 缺乏激情。
• 心臟疼痛乃至心臟病。

可卡因同樣會導致幻覺、幻聽、耳鳴、迫害狂、妄想症等心理疾病，突然性一次大劑量服用或長期大劑量服用都會導致這些症狀的發生。過量服用可卡因會導致心律不整、心臟衰弱、肺停止工作、心跳停止以及血管爆裂等。

戒毒

如果一個已經對可卡因產生依賴的人停止服用，或逐漸減少服用量，他可能會出現以下症狀：

• 噁心嘔吐。
• 精神萎靡。
• 自殺傾向。
• 疲倦勞累。
• 虛弱無力。
• 肌肉疼痛。

・易怒。

・發展性心理疾病。

重度使用者戒毒時，必須借助於藥物幫助。

海洛因

海洛因是毒品中最易使人上癮的一種，其家族中還包括鴉片、嗎啡和可待因。鴉片是罌粟提取物，可以用來合成美沙酮。所有的海洛因都是強效止痛劑，並有鎮靜和抑制作用，因為它們能減緩中樞神經系統的運作及功能。

海洛因通常呈不同顏色的粉末狀，白色是最純、最精煉的一種，褐色或粉色的海洛因看起來比較黏稠而且純度不高。海洛因可以被注射，也能吸服。在澳大利亞，擁有海洛因屬於違法行為。

影響

正如所有的毒品一樣，海洛因效果的發揮也取決於其質量和純度、攝入的劑量、服用者的吸毒史以及他們當時的情緒，還有服用的方式。

吸毒者服用後立即會有滿足感，而且疼痛減輕，但同時也伴有噁心嘔吐、便秘、搔癢等症狀，這在初次服用者身上更為嚴重。大劑量服用會使瞳孔收縮、皮膚寒冷、呼吸緩慢。

長期服用海洛因會損傷血管、心臟和肺。同時還會導致女孩子月經不調，男孩子陽痿。

經常服用海洛因的吸毒者會產生抗藥性，這意味著他們必須攝入更大劑量以獲得相同的感受，同時還會對其產生依賴。

戒毒

當深度吸毒者停止服用海洛因或逐漸減少攝入量時，以下這些症狀出現，並持續至少一星期。

- 無法休息。
- 打哈欠。
- 流鼻涕。
- 胃痙攣。
- 肌肉痙攣。
- 嚴重腹瀉。
- 類似於感冒症狀，如渾身酸痛。

・對毒品的強烈渴望。

雖然突然停止服用海洛因不會直接導致死亡，但如果轉入吸服其他毒品或健康狀況不佳時，死亡的機率會大大增加。戒掉海洛因的危險比戒酒或戒興奮劑的危險更小。

注射

海洛因通常以注射的方式攝入，所以它所帶來的危險並不僅僅是毒品本身的危害。和別人分享注射器——如針頭、針管、稀釋液、過濾器、酒精棉和止血帶——會大幅地增加感染血液傳染病的機會，如血毒症、破傷風、B型肝炎、C型肝炎和愛滋病。

混合物

街上賣的海洛因往往摻雜別的東西，如葡萄糖，所以你往往很難知道自己到底攝入了多少海洛因，從而導致吸食過量而突然死亡。如果海洛因中被摻入其他毒品，尤其是乙醇一類的抑制藥，或是輕度安定劑，就極易導致昏迷乃至死亡。

大地教育叢書介紹

教孩子正確的價值觀

定價：220元

關心孩子的教養問題，培養孩子的堅定性格，幫助他們抗拒社會上，同伴們某些否定性的影響，對父母而言，沒有什麼比這更重要了。作者從自己的經驗中理出教養的最佳途徑，提供父母一種積極性的教養計畫，選出十二種多數父母認同的重要德行，每個月強調一項，極具可行性。滿懷愛心的您，本書值得參考。

父母怎樣跟孩子說話

定價：200元

做父母的常會因為跟孩子談話，談不出結果而生氣，也常為了孩子不能實現自己的期望而懊惱不堪。本書提供了最直接、最簡易的新方法，使您透過這些方法，能直接親近您的孩子，獲得他的心，建立起相互的責任、愛和尊敬心。為您與孩子之間，開出一條溝通思想和情感的新道路。

大地教育叢書介紹

如何引導青少年

一少年仔，請聽我說

定價：180元

青少年因為生活範圍漸漸寬闊，「自我」隨著年齡成長，而具有強烈的自尊心和反抗性，常常拒絕父母的管教，和父母發生衝突，造成許多家庭悲劇。本書作者引用許多生活的實例，告訴您管教、愛護青少年的方法，幫助他成為社會上有用的人。

一生的忠告

一位外交家爸爸給孩子的信

定價：240 元

本書是英國著名外交家查斯特菲爾德爵士寫給兒子的人生忠告，當菲利普6歲時，查斯特菲爾德便開始給兒子寫信，信中讚揚折衷與謹慎的美德，教育孩子如何保持果敢而有禮的舉止。書中傾注了世間的親情和人類的智慧，是一部教人如何獲得他人信任並獲取成功的經典。

國家圖書館出版品預行編目資料

這是女孩子的事／Belinda Henwood 著；
王曉、王蕾 譯 . -- 第一版.
--臺北市：大地，2002〔民91〕
面； 公分--
譯自：It's a girl thing
ISBN 957-8290-60-8（平裝）

1. 婦女 2.性知識 3.生活指導

544.5 91007791

這是女孩子的事

作　　者：Belinda Henwood（澳）
譯　　者：王曉、王蕾
創 辦 人：姚宜瑛
發 行 人：吳錫清
主　　編：陳玟玟
美術編輯：黃雲華
出 版 者：大地出版社
社　　址：台北市內湖區內湖路2段103巷104號1樓
劃撥帳號：0019252－9（戶名：大地出版社）
電　　話：(02)2627－7749
傳　　真：(02)2627－0895
E-mail：vastplai@ms45.hinet.net
印 刷 者：久裕印刷股份有限公司
一版一刷：2002年6月
定　　價：250元

Printed in Taiwan

地 大地 大地 大地 大地 大地 大地 大地 大地

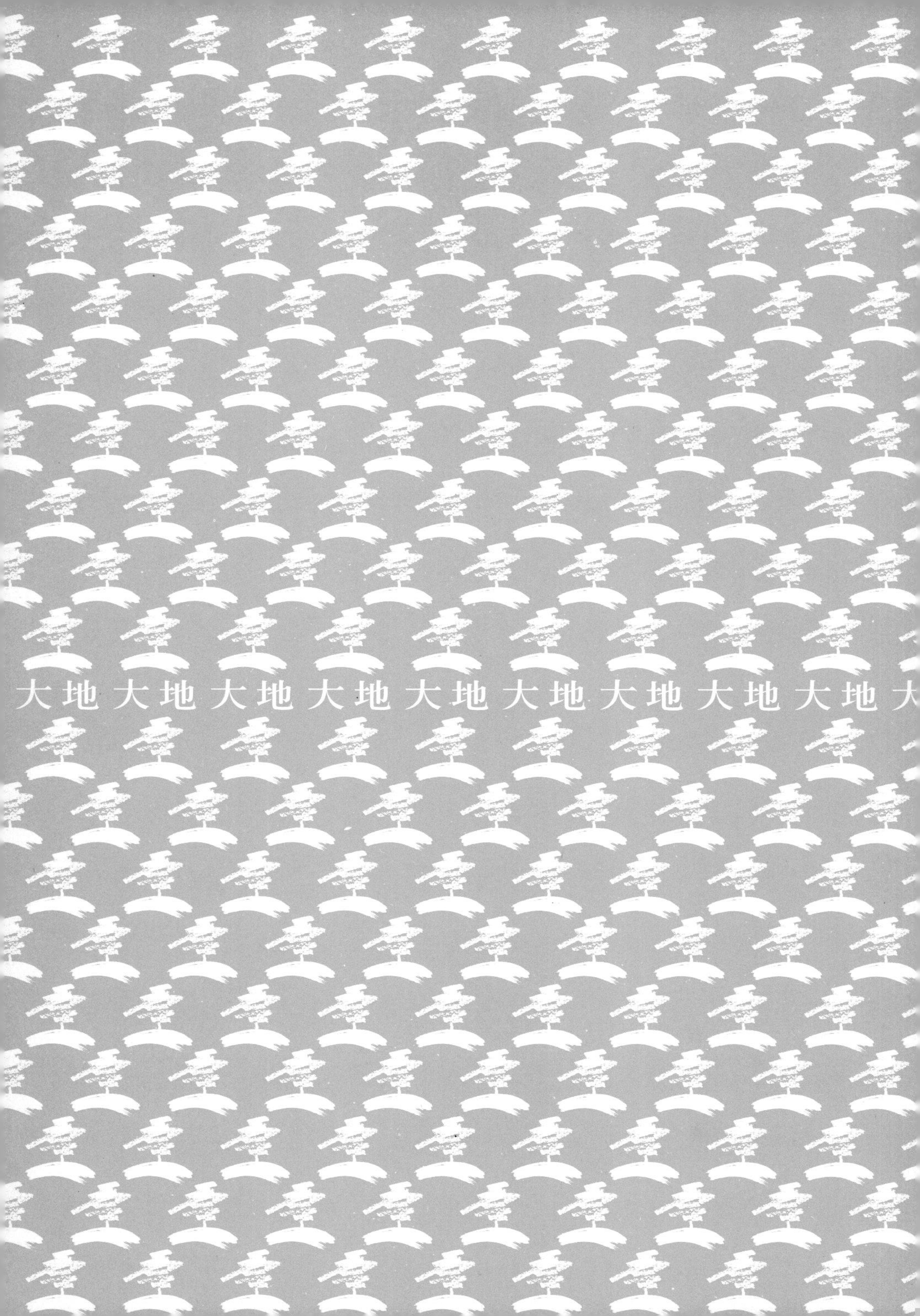
大地大地大地大地大地大地大地大地大地大